东京梦华录

古人的繁华人间

［宋］孟元老◎撰　于荷昕◎绘

江西美术出版社
全国百佳图书出版单位

出版说明

中国，作为世界上唯一一个文明传统未曾中断过的国家，经历了多个历史朝代，缔造了无数举世瞩目的成就。中华民族更是个伟大而富有智慧的民族，创造了繁华的贸易经商环境、宜养宜居的生活环境、极富创造力的思想环境，这些都为中华文明的流传繁盛厚植了土壤。

本丛书的出版是基于我社关于“古人”产品线的延伸，是继《古人的雅致生活》（10册）、《古人的奇幻世界》（4册）后的第三个系列产品，旨在扩大对古人世界宽度、广度、深度的挖掘。原有系列产品的内容已大致覆盖了关于古人生活方式、思想方式的理解，本丛书则从古人的社会生活角度来进行甄选，从古代节日、风俗、游玩景点、山川气候、城市风貌、社会逸闻等方面来进行展示，全方位讲述古人的有趣生活。

当前我们挑选的底本涉及汉、唐、北宋、南宋、明5个历史时期，具体地区包括西汉首都长安（今西安）、北宋首都东京汴梁（今开封）、南宋都城临安（今杭州）、唐代皇宫和明代江浙等地区。书中涉及地区广泛，且朝代不同，社会风貌有天壤之别，展现的故事见闻有趣，令人欣喜，希望读者翻开本丛书，能跟随原著脚步，走遍故土山河，感受不一样的时代魅力。

丛书所选文本都是权威经典著作（因版面有限，部分篇目做了删节），不仅是专家学者研究古代社会生活的重要历史文献，更是反映当时民风时尚、经济状况和城市生活的真实写照。丛书的作者不仅有文学家、史学家，而且所写内容以作者亲身经历为主，文笔轻松，为我们展现的是活生生的生活侧影，也包含着作者对过往生活经历的无限眷恋。丛书仍以原文与译文对照阅读、精美配画辅助理解为主，适当改变了排版风格，使之更适合当代读者的阅读习惯，同时配画力求反映原文之大意，以图释文，兼具欣赏与实用性。

策划本丛书，旨在重塑古代经典著作，向大众读者介绍中华传统文化中的精华内容。我们希望这些在古代也曾是大众读物的内容，不再只被有古汉语文学功底的读者熟悉，让更多读者看见、接受，拉近现代读者与古代经典著作的距离，打破大众读者对古代传统著作的刻板印象。所以，我们将古代经典著作以更现代、更贴近大众的方式呈现给读者，这也是我们在传承中华优秀传统文化上做出的一点小小尝试。

由于时间相对匆促，书中难免存在遗憾和不足，敬请广大读者批评指正！

编者

2021 年 *11* 月

序

仆从先人宦游南北，崇宁癸未到京师，卜居于州西金梁桥西夹道之南。渐次长立，正当辇毂之下，太平日久，人物繁阜，垂髫之童，但习鼓舞，斑白之老，不识干戈，时节相次，各有观赏。灯宵月夕，雪际花时，乞巧登高，教池游苑，举目则青楼画阁，绣户珠帘，雕车竞驻于天街，宝马争驰于御路，金翠耀目，罗绮飘香。新声巧笑于柳陌花衢，按管调弦于茶坊酒肆。八荒争凑，万国咸通。集四海之珍奇，皆归市易；会寰区之异味，悉在庖厨。花光满路，何限春游，箫鼓喧空，几家夜宴。伎巧则惊人耳目，侈奢则长人精神。瞻天表则元夕教池，拜郊孟享。频观公主下降，皇子纳妃。修造则创建明堂，冶铸则立成鼎鼐。观妓籍则府曹衙罢，内省宴回；看变化则举子唱名，武人换授。仆数十年烂赏叠游，莫知厌足。一旦兵火，靖康丙午之明年，出京南来，避地江左，情绪牢落，渐入桑榆。暗想当年，节物风流，人情和美，但成怅恨。近与亲戚会面，谈及曩昔，后生往往妄生不然。仆恐浸久，论其风俗者，失于事实，诚为可惜，谨省记编次成集，庶几开卷得睹当时之盛。古人有梦游华胥之国，其乐无涯者，仆今追念，回首怅然，岂非华胥之梦觉哉！目之曰《梦华录》。然以京师之浩穰，及有未尝经从处，得之于人，不无遗阙。倘遇乡党宿德，补缀周备，不胜幸甚。此录语言鄙俚，不以文饰者，盖欲上下通晓尔。观者幸详焉。绍兴丁卯岁除日幽兰居士孟元老序。

序（译文）

我小时候跟着在外地做官的父亲周游于南北各地，于宋徽宗崇宁癸未年（1103）来到了京城，住在城西的金梁桥西边夹道的南侧。我生活在天子脚下，逐渐长大成人，这期间正逢太平盛世，京城里人口密集，物业繁华。垂着童发的小孩儿，只知道玩耍；两鬓花白的老人，没有经历过战争。节日一个接着一个，我得以观赏到各种好景。华灯齐放的良宵，月光皎洁的夜晚，瑞雪飘飞之际，百花盛开之时，或者是七夕的乞巧，或者是重九的登高，或者是金明池的禁军操练，或者是琼林苑的皇上游幸，放眼所见，到处是青楼画阁，绣户珠帘。雕饰华丽的马车争相停靠在大街旁，名贵矫健的宝马纵情奔驰在御街上，镶金叠翠耀人眼目，罗袖绮裳飘送芳香。新歌的旋律与美人的笑语，回荡在柳荫道上与花街巷口；箫管之音与琴弦之调，弹奏于茶坊雅聚与酒楼盛宴。全国各州郡之人都往京都汇集，世界各国的使者都和宋朝往来。四海的珍品奇货都到京城的集市上进行交易，九州的美味佳肴都在京城的宴席上供人享受。花光铺满道路，官衙不阻止任何百姓乘兴春游；音乐震荡长空，又见有几家豪门正开夜宴。奇特精湛的技艺表演使人耳目一新，奢侈享受的生活使人精神兴奋。在元宵节观灯、金明池观射、郊坛祭天的时候，都城百姓能够观瞻到皇上的天颜，而且还能够多次看到公主出嫁、皇子纳妃的盛大典礼。皇宫的重要建筑成就是修建了明堂，重要的冶铸伟绩是制成了多尊鼎鼐。我在几十年当中沉醉于观赏盛典，迷恋于游玩胜地，从来没有感到厌倦和满足。不料忽然间战火燃起，靖康丙午年（1126年）的第二年（1127年），我离开汴京来到了南方，因躲避战乱而住在江左，情绪郁闷而低落，年岁又逐渐进入老年晚景。暗想当年在汴京城里的生活，一年四季的风物景致，人情之间的和顺畅美，都已化成惆怅和隐恨。最近同亲戚会面的时候，谈到往昔汴京城里的繁华景象，年轻后生们总是不大相信，不以为然。我担心时间长久之后，再谈起那时的风俗和景观，更会失去历史的真实，那就的确太可惜了。因此，我非常慎重地把我的记忆写下来，编成一集，这可能会让今后的人们打开此书就能够看到当年京城的繁华盛况。古代传说有黄帝梦游华胥之国、其乐无涯的典故，我如今追思往事，回忆起来怅然伤怀，这难道不是和华胥之梦刚刚醒来的情形一样吗？因此我把我所撰作的这本书命名为《梦华录》。但是，汴京城毕竟太大太繁华了，对于那些我没有亲身经历的事件或者没有去过的地方，只能靠听别人讲述来记录，这就难免有遗漏或欠缺。如果遇着故乡的朋友或德高望重的前辈，对此书予以补充使它更加完备，那真是不胜欣慰。这本《梦华录》语言通俗浅显，不刻意进行雕琢修饰，其原因大概是想使文人学士和普通百姓都能看懂而已，希望读者能理解这一点。绍兴十七年（1147年），岁在丁卯，大年除夕之日，幽兰居士孟元老序。

目录

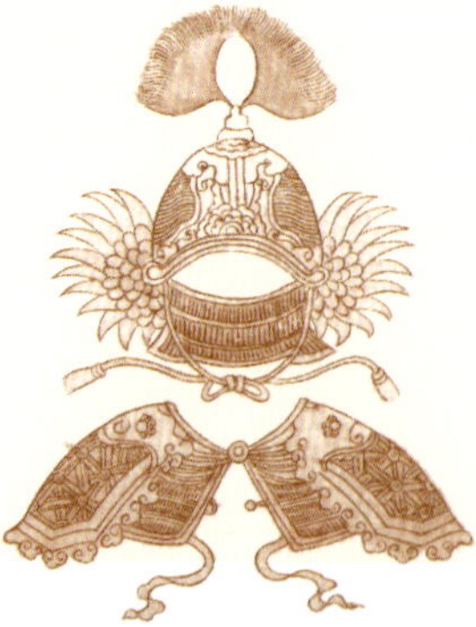

卷肆

卷伍

卷陆

卷柒

卷捌

卷玖

卷拾

卷壹

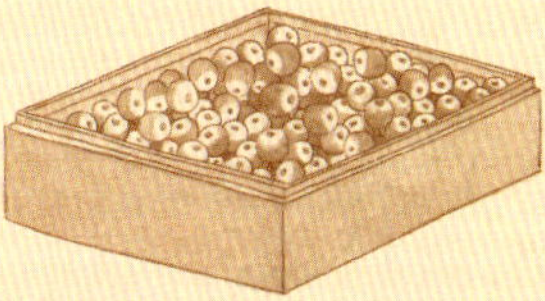

东都外城，方圆四十余里。城壕曰护龙河，阔十余丈，濠之内外，皆植杨柳，粉墙朱户，禁人往来。城门皆瓮城三层，屈曲开门，唯南薰门、新郑门、新宋门、封丘门皆直门两重，盖此系四正门，皆留御路故也。新城南壁，其门有三：正南门曰南薰门；城南一边，东南则陈州门，傍有蔡河水门；西南则戴楼门，傍亦有蔡河水门。蔡河正名惠民河，为通蔡州故也。东城一边，其门有四：东南曰东水门，乃汴河下流水门也，其门跨河，有铁裹窗门，遇夜如闸垂下水面，两岸各有门通人行路，出拐子城，夹岸百余丈；次则曰新宋门；次

东都汴梁外城方圆可达四十余里。护城河被称为护龙河，河面宽十余丈，白色的城墙和朱漆的屋宇与护城河两岸的杨树、柳树掩映在护城河水面，闲杂人等禁止往来。城门外筑有三层瓮城，多为侧开门，仅有南薰门、新郑门、新宋门、封丘门正对着城门，且皆筑有两层瓮城。这四个城门不仅为正门，还设有专供皇帝御驾行驶的御道。都城外墙的南面城墙共设三座城门：正南方向的城门称为南薰门；南城墙一面，东南方向的称为陈州门，此门旁边为蔡河水门；西南方向的则为戴楼门，旁边也有蔡河水门。蔡河的正名为惠民河，因河水通往蔡州，故得此名。都城的东城墙共设四座城门：东南方面的城门称为东水门，是汴河流向下游的水门。东水门横跨于汴河之上，铁皮包裹城门，每到夜晚便如闸门沉入河

东都外城

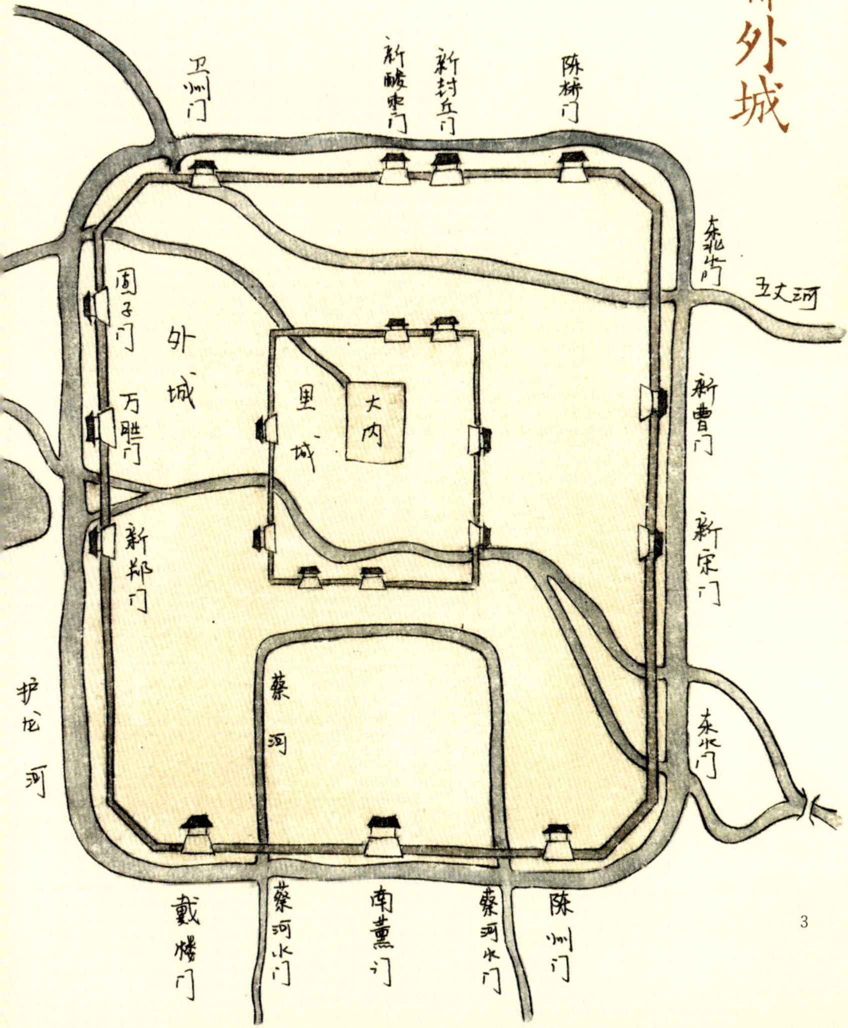
卫州门
新酸枣门
新封丘门
陈桥门
东北水门
五丈河
固子门
外城
万胜门
里城
大内
新曹门
新郑门
新宋门
护龙河
蔡河
东水门
戴楼门
蔡河水门
南薰门
蔡河水门
陈州门

曰新曹门；又次曰东北水门，乃五丈河之水门也。西城一边，其门有五：从南曰新郑门；次曰西水门，汴河上水门也；次曰万胜门；又次曰固子门；又次曰西北水门，乃金水河水门也。北城一边，其门有四：从东曰陈桥门；乃大辽入使驿路。次曰封丘门；北郊御路。次曰新酸枣门；次曰卫州门。诸门名皆俗呼。其正名如西水门曰利泽，郑门本顺天门，固子门本金耀门。新城每百步设马面、战棚，密置女头，旦暮修整，望之耸然。城里牙道，各植榆柳成阴。每二百步置一防城库，贮守御之器，有广固兵士二十指挥，每日修造泥饰，专有京城所提总其事。

水中。汴河两岸设有城门供人通行，走到城门转角处，可以清晰地看到河宽一百余丈。东水门后，其次是新宋门，再次是新曹门，最后为东北水门，水流过此门，最终汇入五丈河。城西的外墙上共开有五道城门，从南向北依次是：新郑门；西水门，此门为汴河的闸门；万胜门；固子门；以及西北水门，为金水河的水门。城北的外墙有四座门，从东往西分别是：陈桥门，专供辽国使节进出汴京的通道；封丘门，皇帝前往都城北门外行祭祀礼所走之御路；新酸枣门；以及最西边的卫州门。这些城门的名称皆为民间的俗称，而官方名称，比如西水门应为利泽门，郑门应为顺天门，固子门本名为金耀门。都城外的城墙上每隔一百步便设有一个马面（城墙加筑若马头，可储粮、射弩）与一个战棚，并修建了密集的短墙。

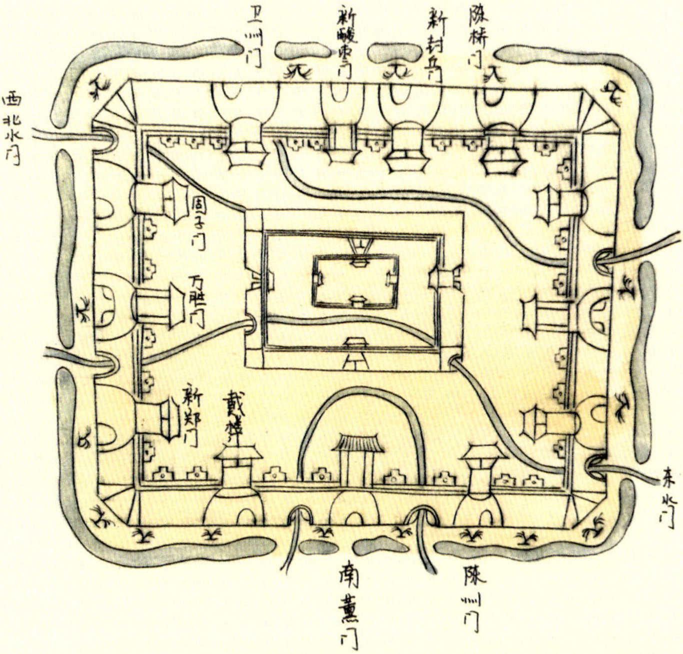

所有的防御工程均有士兵终日巡查，一旦发现问题及时修缮。外城威武雄壮，城内官道旁遍植杨柳。外城内，每两百步便设有一座防城库，储藏守城御敌的各类武器，并配有工兵队伍二十个指挥一万士兵，参与每日的修缮工作，该部队由修治京城所提调、统管。

旧京城

·原文·

旧京城方圆约二十里许。南壁其门有三：正南曰朱雀门，左曰保康门，右曰新门。东壁其门有三：从南汴河南岸角门子，河北岸曰旧宋门，次曰旧曹门。西壁其门有三：从南曰旧郑门，次汴河北岸角门子，次曰梁门。北壁其门有三：从东曰旧封丘门，次曰景龙门，乃大内城角宝箓宫前也。次曰金水门。

·译文·

旧京城的城周长约为二十里。南面城墙上共开三座城门：正南方向的被称为朱雀门，左边称为保康门，右边的称为新门。东面城墙上有三座城门：汴河南岸的角门子，汴河北岸的旧宋门以及旧曹门。西面城墙上有三座城门：从南数起依次是旧郑门，汴河北岸的角门子与梁门。城墙北面有三座城门：从东往西依次是旧封丘门、景龙门，此门位于宫墙墙角的宝箓宫前，以及城墙最西边的金水门。

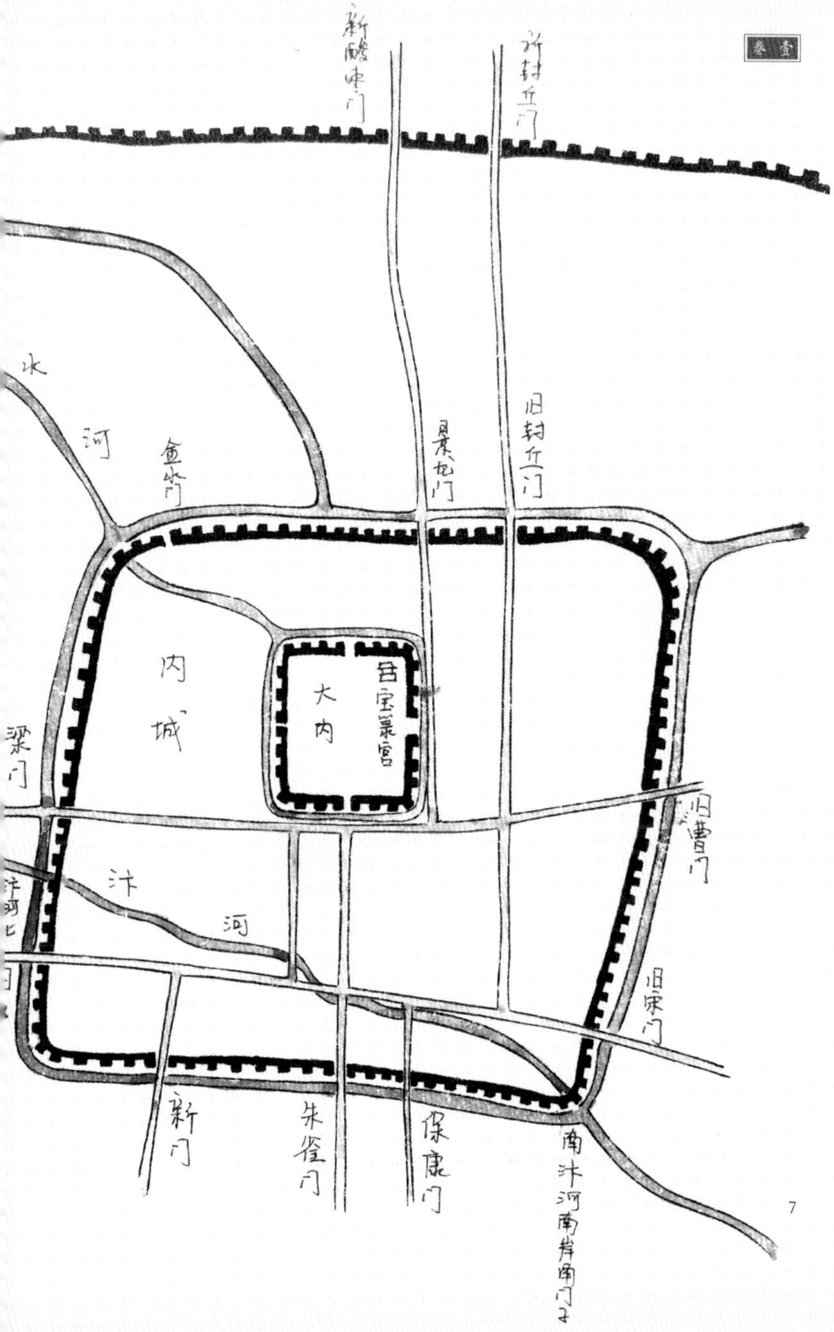
新酸枣门
新封丘门
水
河
金水门
景龙门
旧封丘门
内
城
大内
梁门
旧曹门
汴
河
旧宋门
新门
朱雀门
保康门
南汴河南岸角门子

河道

·原文·

穿城河道有四。南壁曰蔡河，自陈、蔡由西南戴楼门入京城缭绕自东南陈州门出，河上有桥十三：自陈州门里曰观桥，在五岳观后门。从北次曰宣泰桥，次曰云骑桥，次曰横桥子，在彭婆婆宅前。次曰高桥，次曰西保康门桥，次曰龙津桥，正对内前。次曰新桥，次曰太平桥，高殿前宅前。次曰粜麦桥，次曰第一座桥，次曰宜男桥，出戴楼门外曰四里桥。中曰汴河，自西京洛口分水入京城，东去至泗州入淮，运东南之粮，凡东南方物，自此入京城，公私仰给焉。自东水

·译文·

京城内的河道共有四条。南面的是蔡河，自陈、蔡两地流出，从京城西南方向的戴楼门流入，蜿蜒至东南方向的陈州门流出。经流京城内的蔡河河段上共有十三座桥：在陈州门内那座称为观桥，位于五岳观的后门处。河段的北面依次是宣泰桥、云骑桥、横桥子，此桥位于彭婆婆宅前。接着是高桥、西保康门桥，然后是龙津桥，此桥正对着大内的前门。龙津桥之后是新桥，再其次是位于高殿前宅前的太平桥。接着是粜麦桥，后接第一座桥、宜男桥，出了戴楼门外的是四里桥。汴河位于京城里的河段上游，从洛阳的洛口处分出一条支流流入京城后，向东一路途经泗州后汇流入淮河。从东南来的粮食、土特产都是通过汴河漕运入京城，供给官员与老百姓。从东水门外七里到西

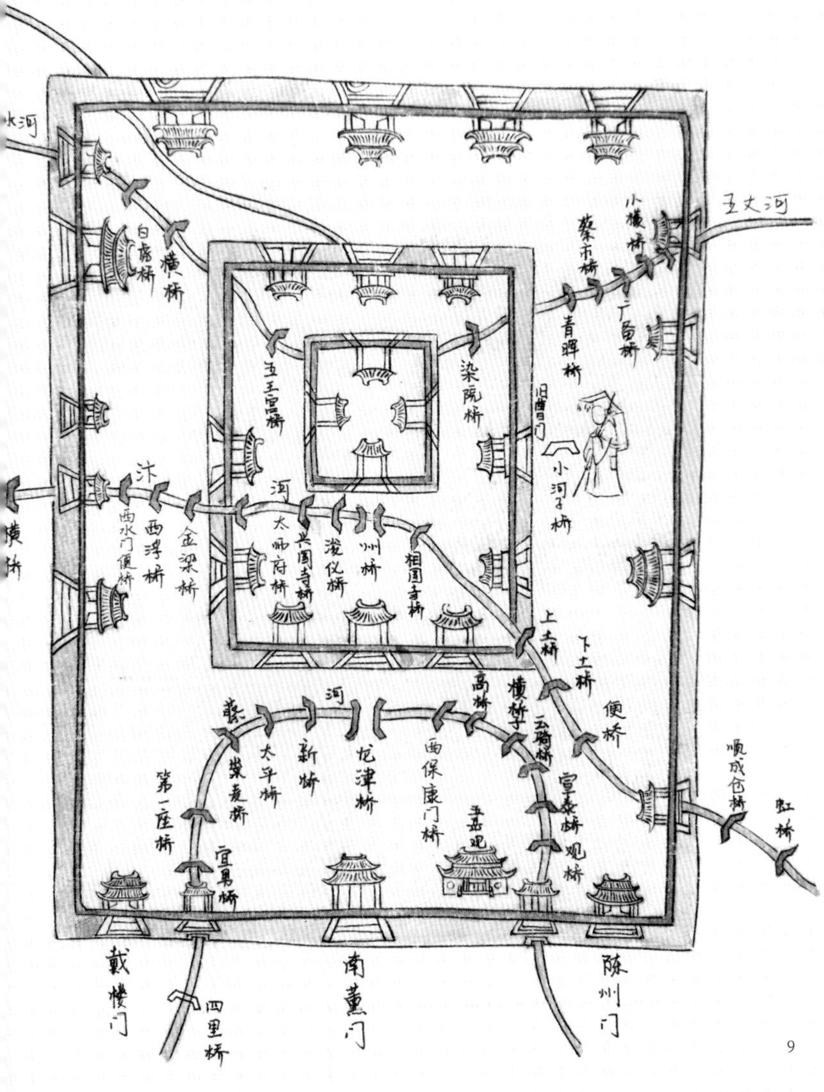
五丈河
小横桥
蔡市桥
广备桥
青晖桥
白虎桥
横桥
五王宫桥
染院桥
旧曹门
小河子桥
汴
河
西水门便桥
西浮桥
金梁桥
太师府桥
兴国寺桥
浚仪桥
州桥
相国寺桥
上土桥
下土桥
便桥
顺成仓桥
虹桥
横桥
蔡
河
高桥
横桥子
云骑桥
宣泰桥
观桥
太平桥
新桥
龙津桥
西保康门桥
粜麦桥
第一座桥
宜男桥
五岳观
戴楼门
四里桥
南薰门
陈州门

门外七里至西水门外，河上有桥十四：从东水门外七里曰虹桥，其桥无柱，皆以巨木虚架，饰以丹雘，宛如飞虹，其上下土桥亦如之；次曰顺成仓桥，入水门里曰便桥，次曰下土桥，次曰上土桥，投西角子门曰相国寺桥，次曰州桥，正名天汉桥，正对于大内御街，其桥与相国寺桥皆低平不通舟船，唯西河平船可过，其柱皆青石为之，石梁石笋栏楯，近桥两岸，皆石壁，雕镌海马水兽飞云之状，桥下密排石柱，盖车驾御路也。州桥之北岸御路，东西两阙，楼观对耸；桥之西有方

水门外这段河道上共有十四座桥。东水门外七里的第一座为虹桥，这座桥没有桥柱，由巨型木头悬空架造，以朱红色的颜料装饰外观，远看好像飞虹。第二座桥为顺成仓桥。河道入水门后，第一座桥为便桥，其次是下土桥，再次是上土桥。西角子门处的桥叫相国寺桥。然后是州桥，州桥的官方名称是天汉桥，正对着大内御街。州桥与相国寺桥的桥身都很低矮，桥底只有西河当地的平底船可以通行，大一点儿的船无法通行。这两座桥的桥柱均为青石所造，桥上的石梁、石柱、栏杆、桥身与河岸接壤处的石壁上均雕刻着海马、水兽、云纹等图案，桥下排列着密集整齐的石柱，这里是皇上的车驾御路。州桥北岸的御路，东、西两侧耸立着高大的石柱和雄伟的建筑物。桥的西岸有两条方形的

浅船二只，头置巨干铁枪数条，岸上有铁索三条，遇夜绞上水面，盖防遗火舟船矣。西去曰浚仪桥，次曰兴国寺桥，亦名马车衙桥。次曰太师府桥，蔡相宅前。次曰金梁桥，次曰西浮桥，旧以船为之桥，今皆用木石造矣。次曰西水门便桥，门外曰横桥。东北曰五丈河，来自济、郓，般挽京东路粮斛入京城，自新曹门北入京。河上有桥五：东去曰小横桥，次曰广备桥，次曰蔡市桥，次曰青晖桥、染院桥。西北曰金水河，自京城西南分京索河水筑堤，从汴河上用木槽架过，从西北水门入

浅底船，船头有数条粗长的铁枪，河岸上有铁索三条，每到夜晚就通过铁索将方船绞上水面，大概为了防止船只发生火灾。州桥的西边是浚仪桥，接着是兴国寺桥，又叫马车衙桥。下一座桥是太师府桥，位于蔡京宅前。下一座桥为金梁桥，然后是西浮桥，以前是将船连成桥，现在均以木头、石头建造。西浮桥的下一座桥是西水门便桥，出了城门的那座桥是横桥。京城东北方向的河是五丈河，发源于济、郓一带，主要用于运送京东路的粮食入京城。五丈河从新曹门的北面流入京城，河面上有五座桥，从东起依次为小横桥、广备桥、蔡市桥、青晖桥、染院桥。京城西北面的是金水河。在京城的西南方向修建堤坝，分流京索河的河水，河水通过横跨在汴河上方的木槽流入京城，河

京城，夹墙遮拥，入大内灌后苑池浦矣。河上有桥三：曰白虎桥、横桥、五王宫桥之类。又曹门小河子桥曰念佛桥，盖内诸司辇官、亲事官之类，军营皆在曹门，侵晨上直，有瞽者在桥上念经求化，得其名矣。

水水道均有夹墙来保护河水，水流径直流入宫苑的池塘。金水河上面共有三座桥：白虎桥、横桥、五王宫桥。此外曹门有座桥名叫小河子桥，有时也被称为念佛桥，大概是由于任职于皇宫的辇官、亲事官们，住在曹门的军营，每日清晨通过此桥进宫时，都见到一位盲人在桥上念经化缘，故此桥得其名。

大内

·原文·

大内正门宣德楼列五门，门皆金钉朱漆，壁皆砖石间甃，镌镂龙凤飞云之状，莫非雕甍画栋，峻桷层榱，覆以琉璃瓦，曲尺朵楼，朱栏彩槛，下列两阙亭相对，悉用朱红杈子。入宣德楼正门，乃大庆殿，庭设两楼，如寺院钟楼，上有太史局保章正测验刻漏，逐时刻执牙牌奏。每遇大礼，车驾斋宿，及正朔朝会于此殿。殿外左、右横门曰左、右长庆门。内城南壁有门三座，系大朝会趋朝路。宣德楼左曰左掖门，右曰右掖门。左掖门里乃明堂，右掖门里

·译文·

皇宫正门的门楼是宣德楼，共开五门，门上皆涂红漆，饰以金钉。砖石砌起城墙，墙上雕镂着各式各样的龙、凤、云彩等纹样，每个厅堂都由雕刻的栋梁或彩绘的屋脊构成，高高吊起的飞檐，层层排列的椽子，屋顶用琉璃瓦覆盖。宣德楼两边曲尺型的朵楼，也都用朱红、彩绘的栏杆装饰。朵楼前的两座阙亭遥相对立，在它们之间放置着阻挡人马通行的朱红色杈子。进入宣德楼的正门往前就是大庆殿，这个殿庭院里的两边分别是东楼和西楼，犹如寺庙中的钟楼，东楼和西楼上有属于太史局的、官衔为“保章正”的官员在那里观测刻漏，他顺着刻和时的推移而逐一记录于牙牌向上禀报。每逢重

西去乃天章、宝文等阁。宫城至北廊约百余丈。入门东去街北廊乃枢密院，次中书省，次都堂，宰相朝退治事于此。次门下省，次大庆殿外廊横门。北去百余步，又一横门，每日宰执趋朝，此处下马，余侍从台谏于第一横门下马，行至文德殿，入第二横门。东廊大庆殿东偏门，西廊中书门下后省，次修国史院，次南向小角门，正对文德殿。常朝殿也。殿前东西大街，东出东华门，西出西华门。近里又两门相对，左、右嘉肃门也。南去左、右银台门。自东华门里皇太子宫入嘉肃门，街南大庆殿后门、东西上阁门；

大典礼，皇帝需要进行斋戒的话，皇帝就要住到大庆殿。每年正月初一的朝会也是在大庆殿举行。殿外的左、右两侧的门，分别称为左、右长庆门。大内内城南墙上开有三座门，重大的朝会时，参加朝会的人就是通过这三座门进入大内的宫殿。宣德楼左面的门叫“左掖门”，右边的门叫“右掖门”，左掖门内有明堂，进了右掖门后往西去就是天章阁、宝文阁等阁。宫城与宫内北面的走廊之间的距离是一百多丈。进了皇宫的正门之后往东面走，路的北面廊庑就是枢密院，接着是中书省，再往前是都堂。宰相退朝后在都堂里办公，接着往前是门下省，从这里往前就到了大庆殿外面走廊上的边门。从这个边

街北宣祐门。南北大街西廊面东曰凝晖殿，乃通会通门，入禁中矣。殿相对东廊门楼，乃殿中省六尚局御厨。殿上常列禁卫两重，时刻提警，出入甚严。近里皆近侍中贵。殿之外皆知省、御药幕次、快行、亲从官、辇官、车辂院、黄院子、内诸司兵士，祗候宣唤；及官禁买卖进贡，皆由此入。唯此浩穰。诸司人自卖饮食珍奇之物，市井之间未有也。每遇早晚进膳，自殿中省对凝晖殿，禁卫成列，约拦不得过往。省门上有一人呼喝，谓之“拨食家”。次有紫衣裹脚子向后曲折幞头者，谓之“院子家”，托

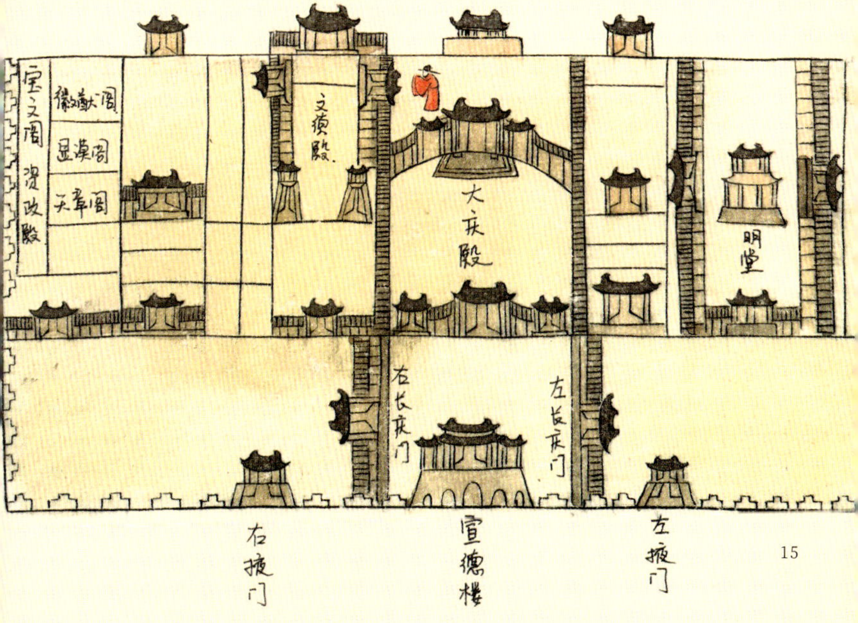

一合，用黄绣龙合衣笼罩，左手携一红罗绣手巾，进入于此，约十余合，继托金瓜合二十余面进入，非时取唤，谓之“泛索”。宣祐门外西去紫宸殿。正朔受朝于此。次曰文德殿，常朝所御。次曰垂拱殿，次曰皇仪殿，次曰集英殿。御宴及试举人于此。后殿曰崇政殿、保和殿。内书阁曰睿思殿。后门曰拱辰门。东华门外市井最盛，盖禁中买卖在此。凡饮食、时新花果、鱼虾鳖蟹、鹑兔脯腊、金玉珍玩衣着，无非天下之奇。其品味若数十分，客要一二十味下酒，随索目下便有之。其岁时果、瓜、蔬、茹新上市，并茄瓠之类新出，每对可值三五十千，诸阁分争以贵价取之。

门往北走一百多步又有一个边门，每天宰相、执政们上朝，到了这个边门时下马，其余侍从、台谏等官员来到第一道边门的时候就下马，步行到文德殿，走进第二道边门。大庆殿东走廊处是东偏门，西走廊处有中书门下后省，接着是修国史院。离修国史院不远有一个朝南开的小角门，这个门正对着文德殿，文德殿是日常的朝会大殿。文德殿前面是一条东西走向的大街，往东去是东华门，往西去是西华门。附近有两道正相对的门，它们是左、右嘉肃门。从文德殿往南走是左、右银台门。皇太子宫在东华门内，有一条街通往嘉肃门，街南是大庆殿的后门以及东、西上阁门，街的北边是宣祐门。南北向大街西走廊上朝东的是凝晖殿，这条大街通往会通门，从会通门便可进入皇宫。正对着凝

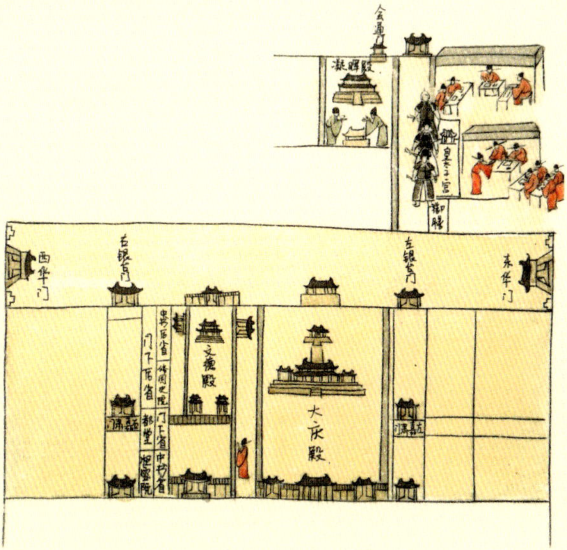

晖殿东走廊上有一个门楼，里面是殿中省六尚局的御厨房。凝晖殿上日常部署双层禁卫人员，警戒森严，人员出入控制非常严格，在殿内活动的全是皇帝的近侍和宫中显要的太监。在殿外活动的都是诸如知省、御药院等官署的官员，他们都在殿外的帐幕工作。诸如快行、亲从官、辇官、车辂院、黄院子、内诸司士兵等都候在殿外，随时听从调遣。宫里在外面采购到的货物，以及进贡给皇宫的物品也都从凝晖殿运送到宫里，所以，凝晖殿外是个来往人员最多的地方。宫内诸司的人员也各自买卖食品及各种珍奇的东西，这些珍奇物品往往都是民间市场上见不到的稀罕东西。每天早晚进膳的时候，从殿中省到凝晖殿的这一段路上，警卫排成密实的行列，禁止行人过往，这时殿中省的门口就有一个人在那里招呼，他被称为“拨食家”。同

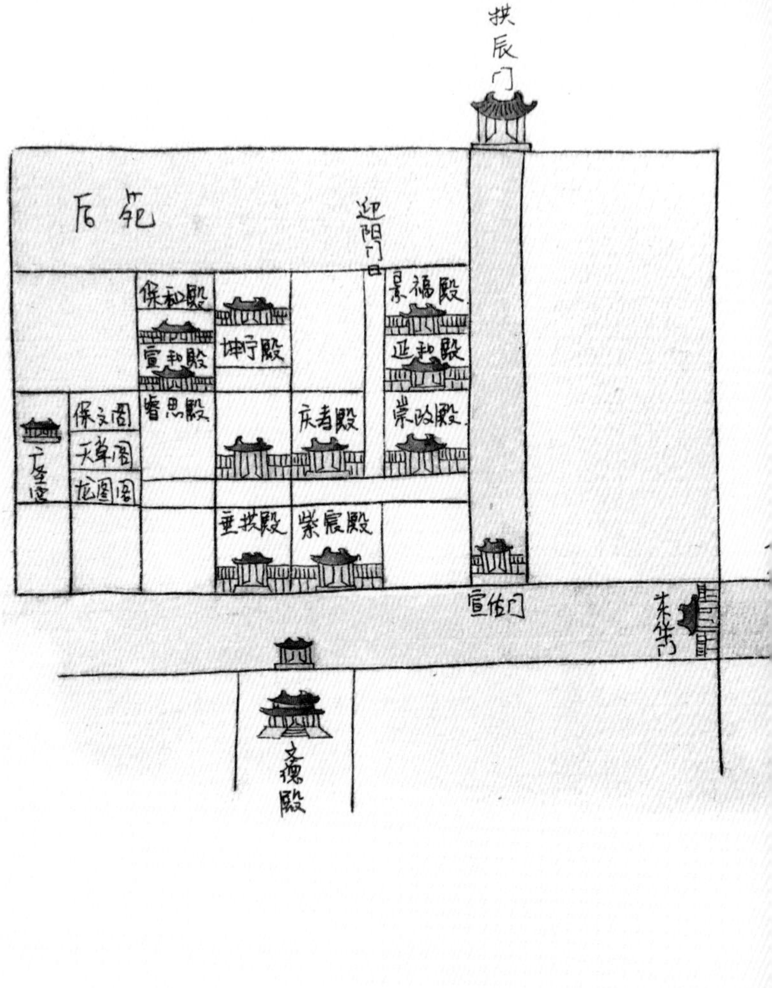
拱辰门
后苑
迎阳门
保和殿
坤宁殿
景福殿
宣和殿
延和殿
睿思殿
庆寿殿
崇政殿
保文阁
天章阁
龙图阁
广圣宫
垂拱殿
紫宸殿
宣佑门
东华门
文德殿

时还会有身穿紫色衣裳、头戴幞头巾装饰、向后曲折幞头的人们，这些人被称为“院子家”。这十几个人各自手托一个盒子，盒子用黄色的、绣有龙的图饰的盒衣罩盖包裹；左手拿一条红罗绣花手巾，他们就这样进入了凝晖殿，跟在后面的是二十几个手托金色瓜形盒子的人，这些是宫中临时被召取用的，被称为“泛索”。宣祐门往西走是紫宸殿（每年正月初一皇帝就在此接受群臣朝贺），接着是文德殿（是日常朝会场所），再往西是垂拱殿，接下来是皇仪殿，再往后是集英殿（是宫中御宴及科举考试殿试的地方），这几座殿的后头又分别是崇政殿、保和殿。内书阁叫睿思殿。皇宫的后门叫拱辰门。京城里最热闹的要数东华门外集市，大概是因为宫里的采购买卖集中在这里。日常饮食、时新花果、鱼、虾、鳖、蟹、鹑、兔、干肉等等应有尽有，金、玉、珍宝、古玩、衣裳等等都是珍奇之物。每一类商品都会有几十种供人挑选，如果客人想要一二十种下酒菜肴，当下就可备齐。至于时鲜的瓜果菜蔬，包括茄瓠之类新出品种，每一对能卖到三十千到五十千钱。从宫里出来采购的人们还争相在这里哄抬市价。

内诸司

注

·原文·

内诸司皆在禁中，如学士院、皇城司、四方馆、客省、东西上閤门、通进司、内弓剑枪甲军器等库、翰林司茶酒局也、内侍省、入内内侍省、内藏库、奉宸库、景福殿库、延福宫、殿中省、六尚局尚药、尚食、尚辇、尚酝、尚舍、尚衣、诸合分、内香药库、后苑作、翰林书艺局、医官局、天章等阁，明堂颁朔布政府。

·译文·

内诸司都在皇宫之内，所属机构包括：学士院、皇城司、四方馆、客省、东西上閤门、通进司、内弓剑枪甲军器等库、翰林司（即茶酒局）、内侍省、入内内侍省、内藏库、奉宸库、景福殿库、延福宫、殿中省、六尚局（即尚药、尚食、尚辇、尚酝、尚舍、尚衣）、诸合分、内香药库、后苑作、翰林书艺局、医官局、天章等阁及明堂（皇家发布政令的地方）。

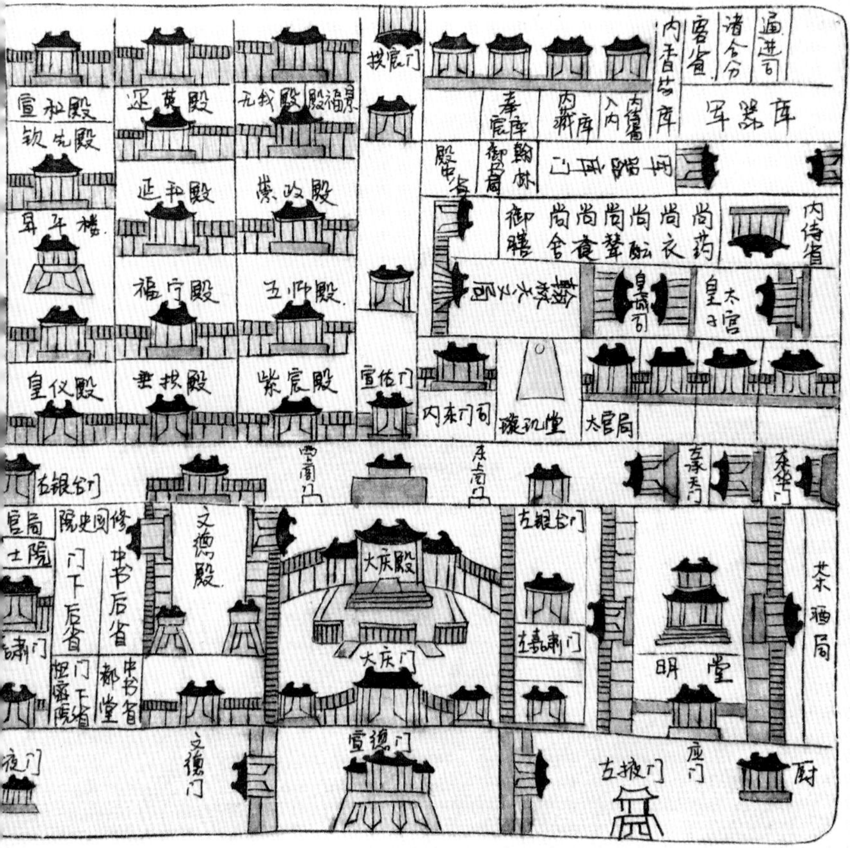
宣和殿
钦先殿
升平楼
皇仪殿
延和殿
福宁殿
垂拱殿
崇政殿
紫宸殿
拱宸门
宣佑门
内东门司
太官局
军器库
内侍省
奉宸库
内藏库
尚药
尚衣
尚食
御膳
皇太子宫
左银台门
大庆殿
大庆门
宣德门
文德殿
文德门
门下后省
中书后省
中书省
都堂
明堂
茶酒局
左掖门
厨

外诸司

·原文·

外诸司：左右金吾街仗司、法酒库、内酒坊、牛羊司、乳酪院、仪鸾司帐设局也、车辂院、供奉库、杂物库、杂卖务、东西作坊、万全造军器所、修内司、文思院上下界、绫锦院、文绣院、军器监、上下竹木务、箔场、车营、致远务、骡务、驼坊、象院、作坊物料库、东西窑务、内外物料库、油醋库、京城守具所、鞍辔库、养马曰左右骐骥院、天驷十监、河南北十炭场、

注

·译文·

外诸司各机构均设在皇宫之外，主要的机构有：左右金吾街仗司、法酒库、内酒坊、牛羊司、乳酪院、仪鸾司（即设帐局）、车辂院、供奉库、杂物库、杂卖务、东西作坊、万全（制造修缮军器之所）、修内司、文思院上下界、绫锦院、文绣院、军器监、上下竹木务、箔场、车营、致远务、骡务、驼坊、象院、作坊物料库、东西窑务、内外物料库、油醋库、京城守具所、鞍辔库、左右骐骥院（即宫廷养马之处）、天驷十监、河南北十炭场、四熟药局、内外柴炭库、

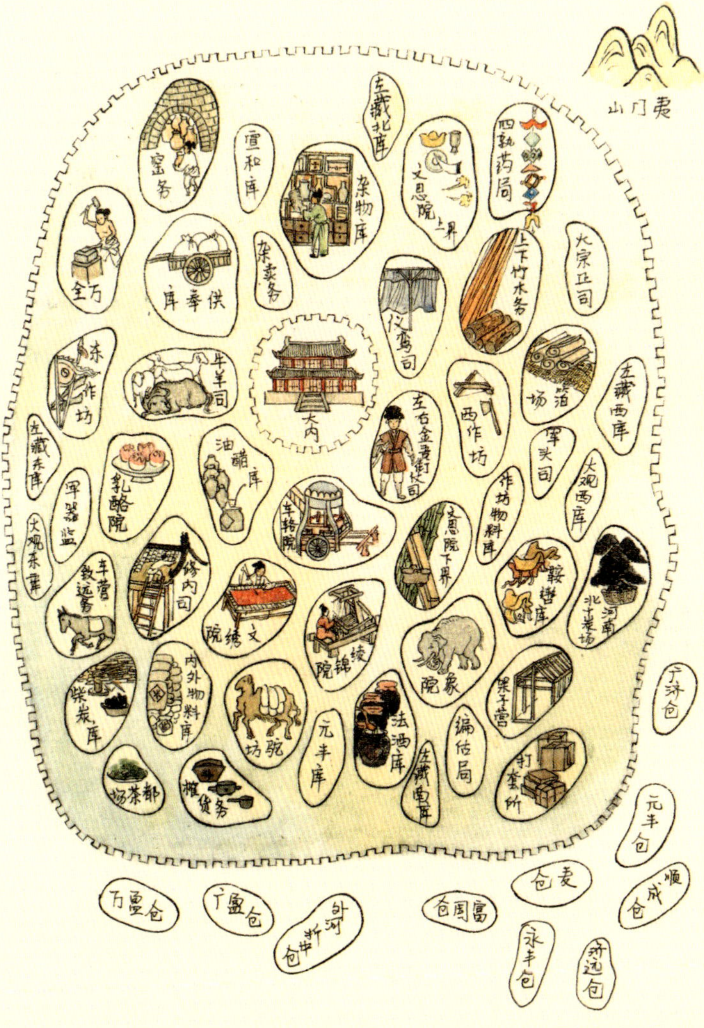
窑务
宣和库
左藏北库
文思院上界
四熟药局
杂物库
万全
供奉库
杂卖务
仪鸾司
上下竹木务
大宗正司
东作坊
牛羊司
大内
箔场
左藏西库
西作坊
左右金吾街仗司
左藏东库
乳酪院
油醋库
军头司
军器监
车辂院
作坊物料库
大观西库
大观东库
文思院下界
车营致远务
修内司
文绣院
绫锦院
鞍辔库
河南北十炭场
象院
广济仓
柴炭库
内外物料库
驼坊
元丰库
法酒库
编估局
架子营
左藏南库
打套所
都茶场
榷货务
元丰仓
麦仓
顺成仓
万盈仓
广盈仓
折中仓
富国仓
永丰仓
济远仓

四熟药局、内外柴炭库、军头引见司、架子营楼店务、店宅务、榷货务、都茶场、大宗正司、左藏、大观、元丰、宣和等库、编估局、打套所。诸米麦等：自州东虹桥元丰仓、顺成仓，东水门里广济、里河折中、外河折中、富国、广盈、万盈、永丰、济远等仓，陈州门里麦仓，子州北夷门山、五丈河诸仓，约共有五十余所。日有支纳，下卸，即有下卸指兵士，支遣即有袋家，每人肩两石布袋。遇有支遣，

军头引见司、架子营（即楼店务和店宅务）、榷货务、都茶场、大宗正司、左藏库、大观库、元丰库、宣和库、编估局、打套所。此外，为大内储存米、麦的有：州城东面虹桥的元丰仓、顺成仓；东水门里的广济仓、里河折中仓、外河折中仓、富国仓、广盈仓、万盈仓、永丰仓、济远仓；陈州门里的麦仓；州城北面夷门山上和五丈河边的仓。总计五十多个仓。日常有支出、缴纳、装卸、搬运之事时就由各仓所属的下卸司装卸兵士承担。如有向外发送任务，也由专门的搬运工来做，每人通常肩扛重量

仓前成市。近新城有草场二十余所。每遇冬月，诸乡纳粟秆草，牛羊阗塞道路，车尾相衔，数千万辆不绝，场内堆积如山。诸军打请营在州北，即往州南仓，不许雇人般担，并要亲自肩来，祖宗之法也。

为两石的粮食布袋。在发送粮食的日子，每个仓前就像集市般熙熙攘攘。靠近新城附近，有二十多个草场。每到冬季，各乡前来缴纳粮食柴草的百姓，赶着牛车运送，这些牛车首尾相接，堵塞道路，成千上万辆不绝于途，草场里的粮草堆积如山。诸军营寨驻扎在州北，派士兵到州南的草场来取粮草，而且不许雇外面的搬运工来搬运，全部要军士们自己扛回驻地，以防怠惰，这是祖宗立下的规矩。

卷贰

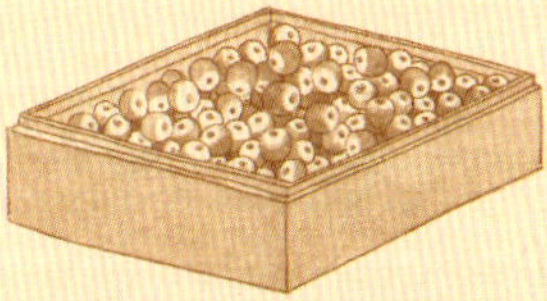

御街

·原文·

坊巷御街，自宣德楼一直南去，约阔二百余步，两边乃御廊，旧许市人买卖于其间，自政和间官司禁止，各安立黑漆杈子，路心又安朱漆杈子两行，中心御道，不得人马行往，行人皆在廊下黑杈子之外。杈子里有砖石甃砌御沟水两道，宣和间尽植莲荷，近岸植桃李梨杏，杂花相间，春夏之间，望之如绣。

·译文·

御街穿行于城内坊巷之间，从宣德楼一直通往城南。御街约二百步宽，两边是御廊，以前允许百姓在御廊上做买卖，到了政和年间才被官府禁止做买卖，两边御廊各树立了黑漆的杈子，路中间又安放了两行红漆的杈子，御街中心的御道禁止人和马匹通行，行人都从御廊上摆放的黑漆杈子的外边绕行。杈子内侧有两条用砖石砌成沟壁的御沟，沟内流着水。宣和年间，御沟都种了莲荷，御沟岸边间杂地种了桃、李、梨、杏等果树，不同的花相间开放。到了春夏时节，远远望去，这些果树开得花团锦簇，犹如绣出的图画一般。

宣德楼前省府宫宇

· 原文 ·

宣德楼前，左南廊对左掖门，为明堂颁朔布政府、秘书省。右廊南对右掖门，近东则两府八位，西则尚书省。御街大内前南去，左则景灵东宫，右则西宫。近南大晟府，次曰太常寺。州桥曲转，大街面南曰左藏库。近东郑太宰宅、青鱼市内行。景灵东宫南门大街以东，南则唐家金银铺、温州漆器什物铺、大相国寺，直至十三间楼、旧宋门。自大内西廊南去，即景灵西宫，南曲对即报慈寺街、都进奏院、百钟圆药铺，至浚仪桥大街。西宫南皆御廊杈子，至州桥投西大街，

· 译文 ·

宣德楼前面，左边南廊正对的是左掖门，这里是明堂专用的公布法令公告之所和秘书省的所在地。右边长廊南面正对着右掖门，东面不远的地方就是枢密院和中书省。西面是尚书省。皇宫前的御街往南走，左边是景灵东宫，右边是景灵西宫。接着往南走就走到大晟府，再往前就到了太常寺。州桥处曲折转弯的大街上坐北朝南的是左藏库。郑太宰宅第、青鱼市内行都在大街东边。景灵东宫的南门大街以东，向南去，依次是唐家金银铺、温州漆器杂物铺、大相国寺、十三间楼和旧宋门。从御街西廊向南去是景灵西宫，道路南面拐个弯，就可以看到报慈恩寺、都进奏院、

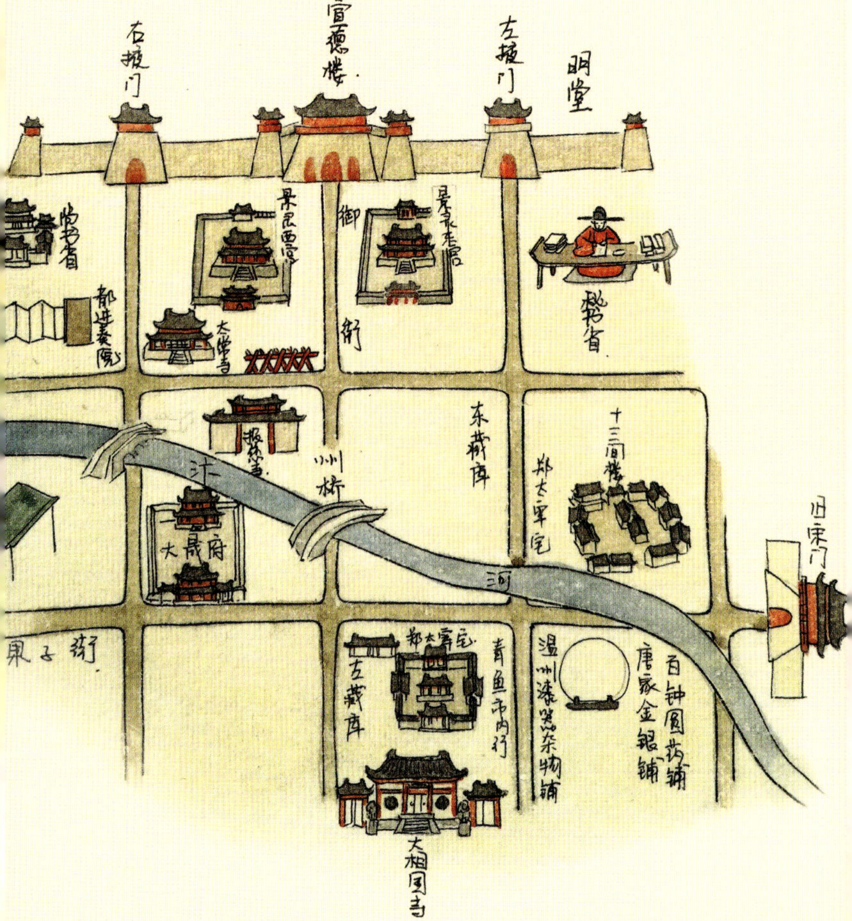
右掖门
宣德楼
左掖门
明堂
都进奏院
景灵西宫
景灵东宫
御街
秘书省
太常寺
报慈寺
州桥
东藏库
十三间楼
郑太宰宅
汴河
大晟府
旧宋门
果子街
郑太宰宅
左藏库
青鱼市内行
温州漆器杂物铺
唐家金银铺
百钟圆药铺
大相国寺

乃果子行。街北都亭驿，大辽人使驿也。相对梁家珠子铺，余皆卖时行纸画、花果铺席。至浚仪桥之西，即开封府。御街一直南去，过州桥，两边皆居民。街东车家炭，张家酒店，次则王楼山洞梅花包子、李家香铺、曹婆婆肉饼、李四分茶。至朱雀门街西，过桥即投西大街，谓之曲院街，街南遇仙正店，前有楼子后有台，都人谓之“台上”。此一店最是酒店上户，银瓶酒七十二文一角，羊

百种丸药铺。再往前就到了浚仪桥大街。景灵西宫南面的御廊上布满了杈子。走到州桥时，沿着大街往西走是果子行。大街北面是都驿亭，它是辽国使臣的驿馆，都驿亭对面是梁家珠子铺，附近的店铺都是出售当下流行的纸画、花卉、水果的店铺。浚仪桥的西边开始就是开封府的管辖地盘了。从御街一直往南走，过州桥，街道两边全是民居，东边是车家炭行、张家酒店，其次是王楼山洞梅花包子、李家香铺、曹婆婆肉饼铺、李四食店。朱雀门街的西头，过了桥就是西大街，西大街也叫曲院街。街的南面是遇仙正店，

羔酒八十一文一角。街北薛家分茶、羊饭、熟羊肉铺。向西去皆妓馆舍，都人谓之“院街”。御廊西即鹿家包子。余皆羹店、分茶、酒店、香药铺、居民。

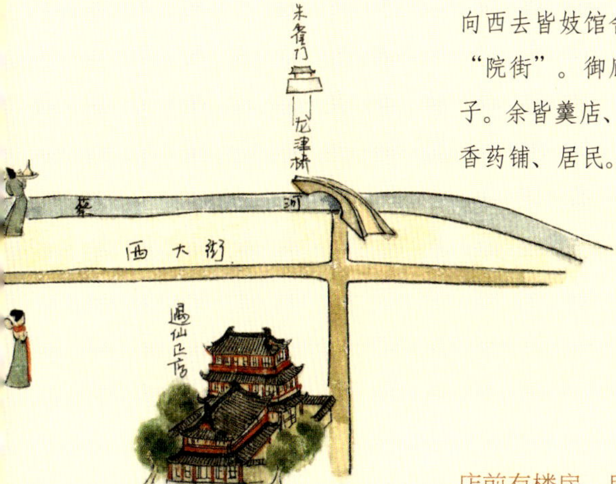

店前有楼房，后有台阁，京城里的人把它叫作“台上”。这个店是京城酒家里的上等名店，这里一角银瓶酒要花七十二文铜钱，一角羊羔酒要花八十一文。街北面是薛家食店、羊饭铺、熟羊肉铺。街西那一带全是妓院，京城里的人把这里叫作“院街”。御廊西面是鹿家包子铺，以及一些羹店、茶食店、酒店、香料铺和民居。

朱雀门外街巷

·原文·

出朱雀门东壁亦人家。东去大街麦稭巷、状元楼，余皆妓馆，至保康门街。其御街东朱雀门外，西通新门瓦子。以南杀猪巷，亦妓馆。以南东、西两教坊，余皆居民或茶坊。街心市井，至夜尤盛。过龙津桥南去，路心又设朱漆杈子，如内前。东刘廉访宅，以南太学、国子监。过太学又有横街，乃太学南门。街南熟药惠民南局。以南五里许，皆民居。又东去横大街，乃至五岳观后门。大街约半里许，乃看街亭，寻常车驾行幸，登亭观马骑于此。东至贡院、什物库、

·译文·

朱雀门东城墙一带也是民房，城门往东去的大街通往麦稭巷，从这里到保康门街，除了状元楼外，其余都是妓院。在御街东面朱雀门外，向西通往新门瓦子，向南是杀猪巷，那里也都是妓院。再往南走就是东教坊和西教坊，其余都是民居或茶馆。在街心摆摊做买卖的人很多，到了夜间尤为热闹。过了龙津桥向南走，这里的路中央又立起类似于皇宫前面的那种朱漆杈子。路东边是刘廉访的住宅，继续往南走就是太学、国子监。过了太学又有一条横街，这里是太学的南门。街的南面是熟药惠民南局，再往南走五里路左右，那里全都是民宅。到了这里又有一条往东去的横大街，这里是五岳观的后门。

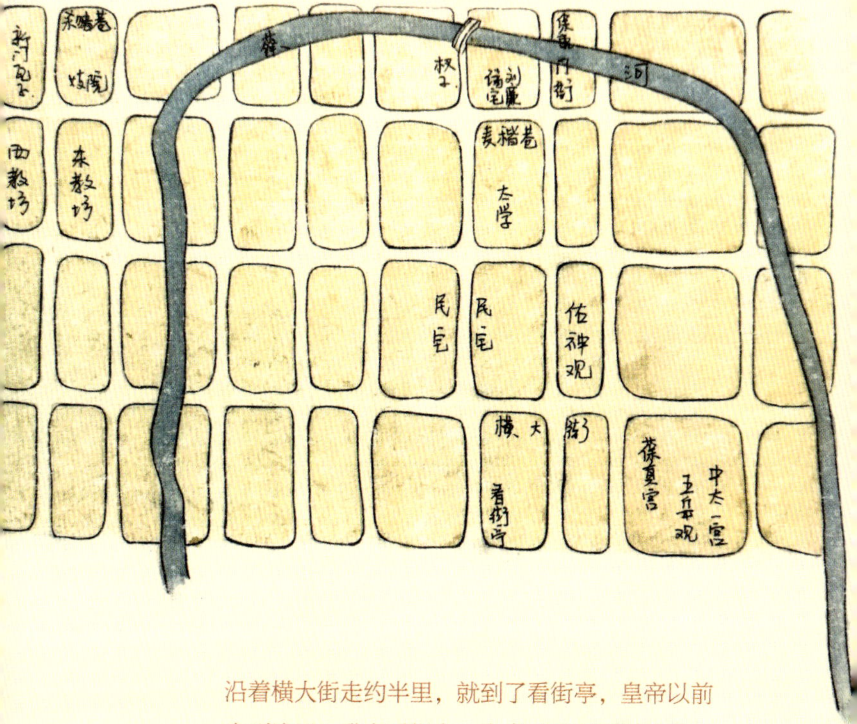

沿着横大街走约半里，就到了看街亭，皇帝以前来到这里，登上看街亭，在亭子里观看过往的行人、车马。在看街亭子向东看，可以看到贡院、什物库、礼部贡院、车营务、草料场；往南看，可以看到葆真宫，还能看到蔡河上的云骑桥那边。御街一直延伸到南薰门里边为止，御街西面的五岳观，最为华丽壮观。从西门往东是一条长约五里的官道，一路上柳荫蔽日，路上有观桥、宣泰桥，还有中太一宫和佑神观。官道南面是明丽殿、礼部贡院、车营务、草场。街南葆真宫，直至蔡河云骑桥。御街至南薰门里，街西五岳观，最为雄壮。自西门东去观桥、宣泰桥，柳阴牙道，约五里许，内有中太一宫、佑神观。街南明丽殿、奉灵园。九成宫内安顿九鼎。近东即迎祥池，夹岸垂杨，菰蒲莲荷，凫雁游泳其间，桥亭台榭，棋布相峙，唯每岁清明日放万姓烧香游观一日。龙津桥南西壁邓枢密宅，以南武学巷内曲子张宅、武成王庙。以南张家油饼、明节皇后宅。西去大街曰大巷口。又西曰清风楼酒店，都人夏月多乘凉于此。以西老鸦巷口军器所，直接第一座桥。自大巷口南去延真观，延接四方道民于此。以南西去

奉灵园、九成宫，九成宫里安放有九鼎，九成宫东面不远处是迎祥池，池边遍植杨柳，池里长着茭白和蒲柳，凫雁在池中戏水。迎祥池内小桥、亭阁、楼台、水榭星罗棋布，相对耸峙，但只有每年的清明节才允许百姓入内烧香游览一日。龙津桥南头的西墙处是邓枢密的住宅，向南走武学巷内有曲子张的家和武成王庙。再往南走就是张家油饼铺和明节皇后的宅邸。在这里有一条往西去的大街——大巷口，沿着大巷口继续向西走就到了清风楼酒店，京城中人夏天晚上喜欢到这里乘凉。再向西走是老鸦巷口军器所，这个军器所一直绵延到第一座桥那边。沿着大巷口大街向南走是延真观，这里接待从各地赴京的道士和百姓。道观南面有一条向西延伸的小巷，小巷口是三学院，往西走可

小巷口三学院，西去直抵宜男桥小巷，南去即南薰门。其门寻常士庶殡葬车舆皆不得经由此门而出，谓正与大内相对，唯民间所宰猪，须从此入京，每日至晚，每群万数，止十数人驱逐，无有乱行者。

以到宜男桥小巷，沿着这个小巷往南走就到了南薰门。因为南薰门是正对皇宫大门，平时南薰门不让士人百姓出殡的车辆通行。唯有京城外乡村百姓送待宰杀的猪进入京城，必须经由南薰门入城。从早到晚，赶进城去的猪每群都数以万计，却只有十几个人来驱赶，赶猪的人数不多，猪却从来没有走丢的。

·原文·

出朱雀门，直至龙津桥。自州桥南去，当街水饭、爊肉、干脯。玉楼前獾儿、野狐肉、脯鸡。梅家、鹿家鹅、鸭、鸡、兔、肚、肺、鳝鱼、包子、鸡皮、腰、肾、鸡碎，每个不过十五文。曹家从食。至朱雀门，旋煎羊白肠、鲊脯、爒冻鱼头、姜豉、剿子、抹脏、红丝、批切羊头、辣脚子、姜辣萝卜。夏月麻腐、鸡皮麻饮、细粉素签、沙糖冰雪冷元子、水晶皂儿、生淹水木瓜、药木瓜、鸡头穰、沙糖绿豆甘草冰雪凉水、荔枝膏、广芥瓜儿、咸菜、杏片、梅子姜、莴苣、笋、芥、辣瓜旋儿、细料馉饳儿、香糖果子、间道糖荔枝、越梅、锯刀紫苏膏、

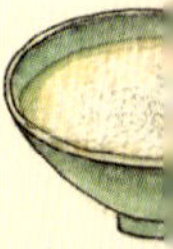

·译文·

出了朱雀门，一直走到龙津桥。沿着龙津桥往南走，就是夜市一条街。夜市上有出售水饭、烤肉和肉脯的。玉楼前有出售獾肉、野生狐狸肉和鸡肉干的。梅家、鹿家出售的鹅、鸭、兔肉、肚、肺、鳝鱼、包子、鸡皮、腰、肾和鸡杂，每份的价钱都不超过十五文。曹家专售各种小食、点心。朱雀门前有现做生煎羊白肠的，还有出售鱼肉干、爒冻鱼头、姜豉、剿子、抹脏、红丝、批切羊头、辣脚子、姜辣萝卜的。夏天则有出售麻腐、鸡皮麻饮、细粉素签、沙糖冰雪冷丸子、水晶皂儿、生淹水木瓜、药木瓜、鸡头穰、沙糖绿豆甘草冰雪凉水、荔枝膏、广芥瓜儿、咸菜、杏片、梅子姜、莴苣、笋、芥、

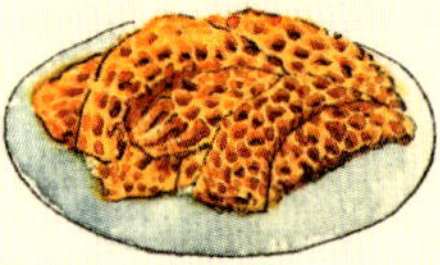

州桥夜市

金丝党梅、香橙元，皆用梅红匣儿盛贮。冬月盘兔、旋炙猪皮肉、野鸭肉、滴酥水晶鲙、煎夹子、猪脏之类，直至龙津桥须脑子肉止，谓之杂嚼，直至三更。

辣瓜旋儿、细料餶飿儿、香糖果子、间道糖荔枝、越梅、锯刀紫苏膏、金丝党梅、香橙丸的，所有这些食品都是装在梅红色的盒子里售卖。到了冬天，则有装好盘的熟兔肉、现烤带皮猪肉、野鸭肉、滴酥水晶鲙、煎夹子、猪杂之类的出售。夜市一直延伸到龙津桥卖须脑子肉的铺子为止，夜市出售的食物叫“杂嚼”，各店铺营业到午夜三更才收摊。

东角楼街巷

· 原文 ·

自宣德东去，东角楼乃皇城东南角也。十字街南去，姜行。高头街北去，从纱行至东华门街、晨晖门、宝箓宫，直至旧酸枣门，最是铺席要闹。宣和间展夹城牙道矣。东去乃潘楼街，街南曰“鹰店”，只下贩鹰鹘客，余皆真珠匹帛香药铺席。南通一巷，谓之“界身”，并是金银彩帛交易之所，屋宇雄壮，门面广阔，望之森然，每一交易，动即千万，骇人闻见。以东街北曰潘楼酒店，其下每日自五更市合，买卖衣物书画珍玩犀玉。至平明，羊头、肚肺、赤

· 译文 ·

从宣德门往东去，就可以看见皇城东南角上的东角楼，由十字街向南走就到了姜行。由高头街向北走，从纱行到东华门街、晨晖门、宝箓宫，一直到旧酸枣门，店铺相连，这里原是京城里最热闹的地方，不过在宣和年间被拓展成了夹城官道。向东走是潘楼街，街的南面店家叫“鹰店”，是一家专门接待从各地来京贩卖鹰隼之类猛禽的客商，这一带其他则都是出售珍珠、丝绸、香料、药材的店铺。向南有一条巷子相通，叫“界身巷”，巷内是出售金银、彩帛的店家，这里的屋宇雄伟壮丽，各家店铺门面宽敞，从远处望去，高耸入云。这里的每笔交易动辄上千上万，数目惊人。向东去街的北

白腰子、奶房、肚胘、鹑、兔、鸠、鸽野味、螃蟹、蛤蜊之类讫，方有诸手作人上市买卖零碎作料。饭后饮食上市，如酥蜜食、枣𩜶、澄砂团子、香糖果子、蜜煎雕花之类。向晚，卖何娄头面、冠、梳、领抹、珍玩、动使之类。东去则徐家瓠羹店。街南桑家瓦子，近北则中瓦，次里瓦。其中大小勾栏五十余座。内中瓦子莲花棚、牡丹棚，里瓦子夜叉棚、象棚最大，可容数千人。自丁先现、王团子、张七圣辈，后来可有人于此作场。瓦中多有货药、卖卦、喝故衣、探搏、饮食、剃剪、纸画、令曲之类。终日居此，不觉抵暮。

面有个酒店叫潘楼，它的楼下从五更开始即有交易，这里买卖的物品有衣服、字画、珍奇玩物、犀角、玉器等等。到天亮之后，又有卖羊头肉、猪肚猪肺、红白腰子、乳肉、牛肚、牛百叶、鹌鹑、兔子、斑鸠、鸽子等野味的摊子，还有卖螃蟹、蛤蜊之类水产品的摊子。等到这些摊子收市后，才有各种工艺匠人出来售卖手工艺品，兼卖一些零星原材料。午饭后，各类饮食上市，有酥蜜做的甜食、枣饼、豆沙团子、香糖油炸果子、蜜饯雕花等等。等到傍晚的时候，则有日用头饰、帽子、梳子、围巾、抹额、珍奇玩物、日用器具的摊子出现。再向东走就到了徐家瓠羹店。街的南面是桑家瓦子，在桑家瓦子的北面不远处是中瓦，接着是里瓦，这几家瓦子里有大小勾栏五十多个。其中以中瓦子的“莲花棚”和“牡丹棚”、里瓦子的“夜叉棚”和“象棚”为最大，分别可容纳几千名观众。自从丁先现、王团子、张七圣等在这里演出后，后续来这儿的艺人为数不少。瓦子里还有卖药、算卦、叫卖旧衣、表演角力、叫卖饮食、理发、剪纸花、卖字画以及唱小曲的各色人等。在这里待着，你会觉得时间过得飞快，一转眼就天黑了。

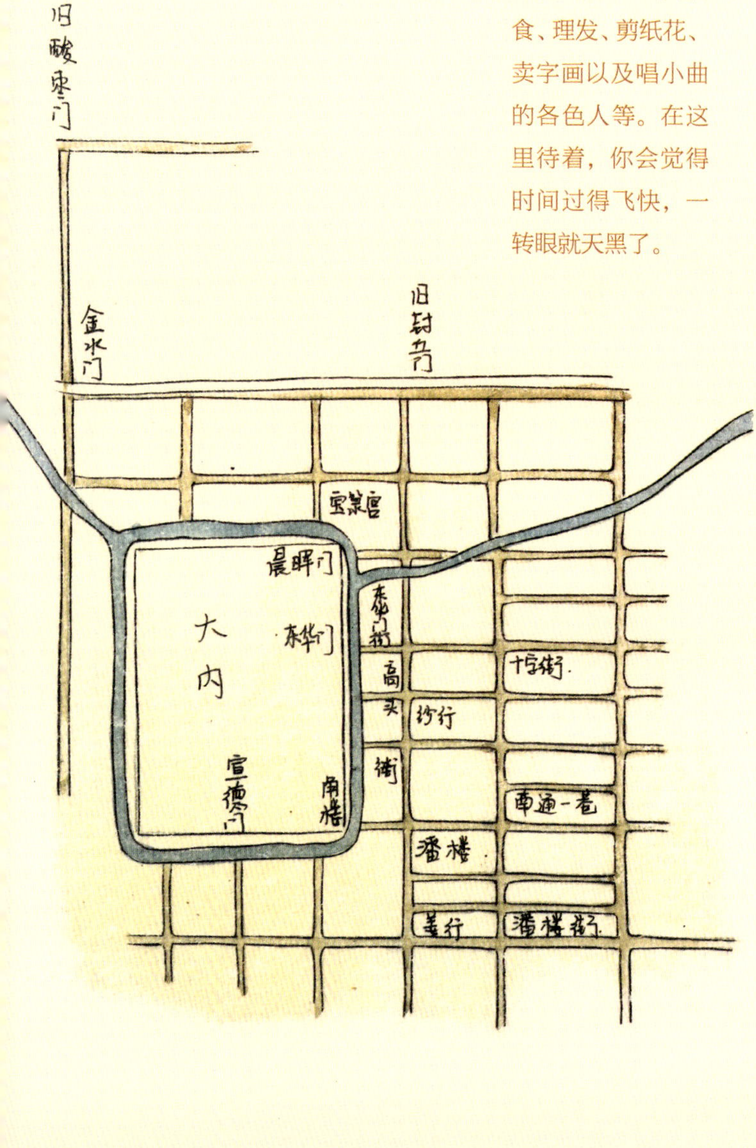

潘楼东街巷

·原文·

潘楼东去十字街，谓之土市子，又谓之竹竿市。又东十字大街，曰从行裹角茶坊。每五更点灯，博易买卖衣服、图画、花环、领抹之类，至晓即散，谓之“鬼市子”。以东街北赵十万宅，街南中山正店、东榆林巷、西榆林巷。北郑皇后宅。东曲首向北墙畔单将军庙，乃单雄信墓也，上有枣树，世传乃枣槊发芽、生长成树，又谓之枣冢子巷。又投东则旧曹门街，北山子茶坊，内有仙洞、仙桥，仕女往往夜游，吃茶于彼。又李生菜小儿药铺、仇防御药铺。出旧曹门，朱家桥瓦子。下桥，南斜街、北斜街，内有

·译文·

潘楼大街以东的十字街，叫作“土市子”，又叫“竹竿市”。再往东走到了十字大街，从行裹角茶坊就在这里。茶坊五更天便点灯，人们开始赌博，可以用衣服、字画、花环、领巾、抹额之类的东西作为赌注，天亮时人们就散去，因此这儿也被叫作 “鬼市子”。再往东走街的北面是赵十万宅，街的南面是中山园子正店、东榆林巷和西榆林巷。街的北面还有郑皇后宅邸。街东头拐弯处北侧一道墙的边上，有一座单将军庙，为单雄信的墓址，墓上长着一棵枣树，世间传说这棵枣树其实是他生前使用的兵器枣槊的木柄发芽，长成这棵枣树，因此这条巷子也叫枣冢子巷。沿着十字大街继续往东走，就是旧曹门街，街上有北山子茶坊，里面有仙洞、仙桥，官宦人家的女子往往夜间到这里来游玩、喝茶。这一带还有李

泰山庙，两街有妓馆。桥头人烟市井，不下州南。以东牛行街，下马刘家药铺，看牛楼酒店，亦有妓馆，一直抵新城。自土市子南去，铁屑楼酒店，皇建院街，得胜桥郑家油饼店，动二十余炉，直南抵太庙街，高阳正店，夜市尤盛。土市

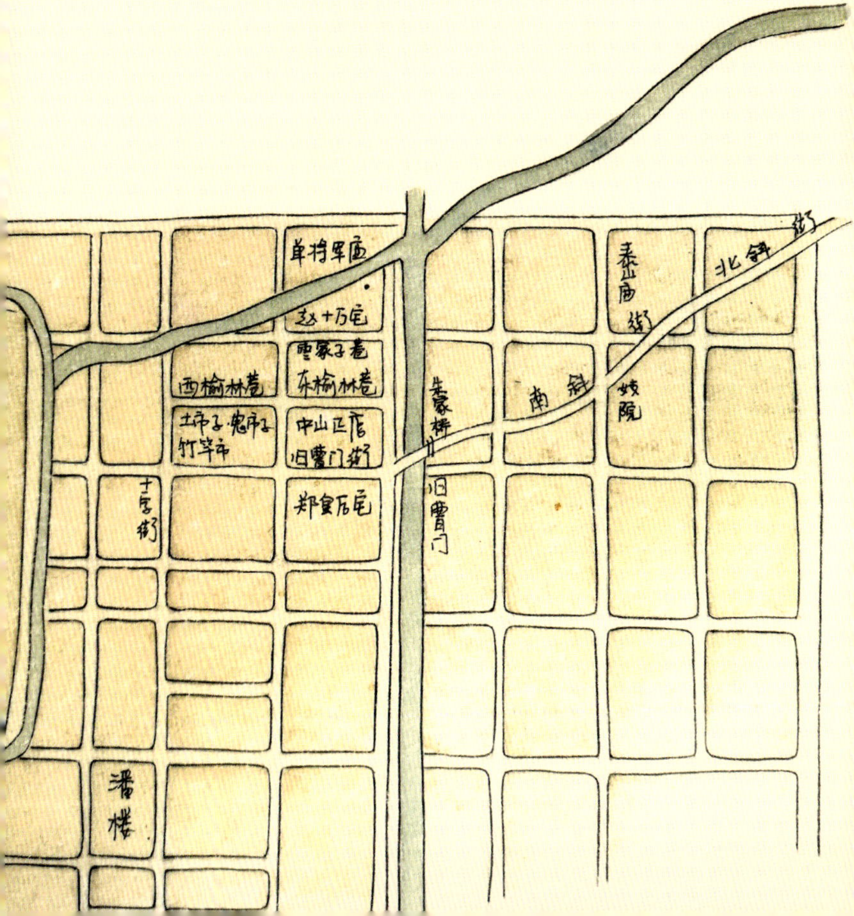

北去，乃马行街也，人烟浩闹。北至十字街，曰鹩儿市，向东曰东鸡儿巷，向西曰西鸡儿巷，皆妓馆所居。近北街曰杨楼街，东曰庄楼，今改作和乐楼，楼下乃卖马市也。近北曰任店，今改作欣乐楼，对门马铛家羹店。

生菜小儿药铺、仇防御药铺。出了旧曹门街便到了朱家桥瓦子。下桥后就到了南斜街、北斜街，街上有一座泰山庙，两条街上都有妓院。朱家桥这一带很是热闹，热闹程度不亚于州城南。再往东去便是牛行街，街上有下马刘家药铺和看牛楼酒店，亦有妓院，这条街一直通往新城。从土市子往南去，便要经过铁屑楼酒店、皇建院街、得胜桥郑家油饼店，油饼店常用二十几个灶来炸油饼，这条街一直往南延伸到太庙街。太庙街上有一家高阳正店，这家酒店夜里生意特别兴隆。从土市子往北走，即是马行街，街上也是人多热闹。往北去是十字街，十字街在这儿有个叫作“鹩儿市”的市场。鹩儿市那儿往东走的是东鸡儿巷，往西走的是西鸡儿巷，两条巷子里都是妓院。鹩儿市北面不远处有一条杨楼街，杨楼街的东面是庄楼，现在更名为和乐楼，楼下是卖马的集市。马市的北面是过去的任店，现在改名叫欣乐楼，对面是马铛家羹店。

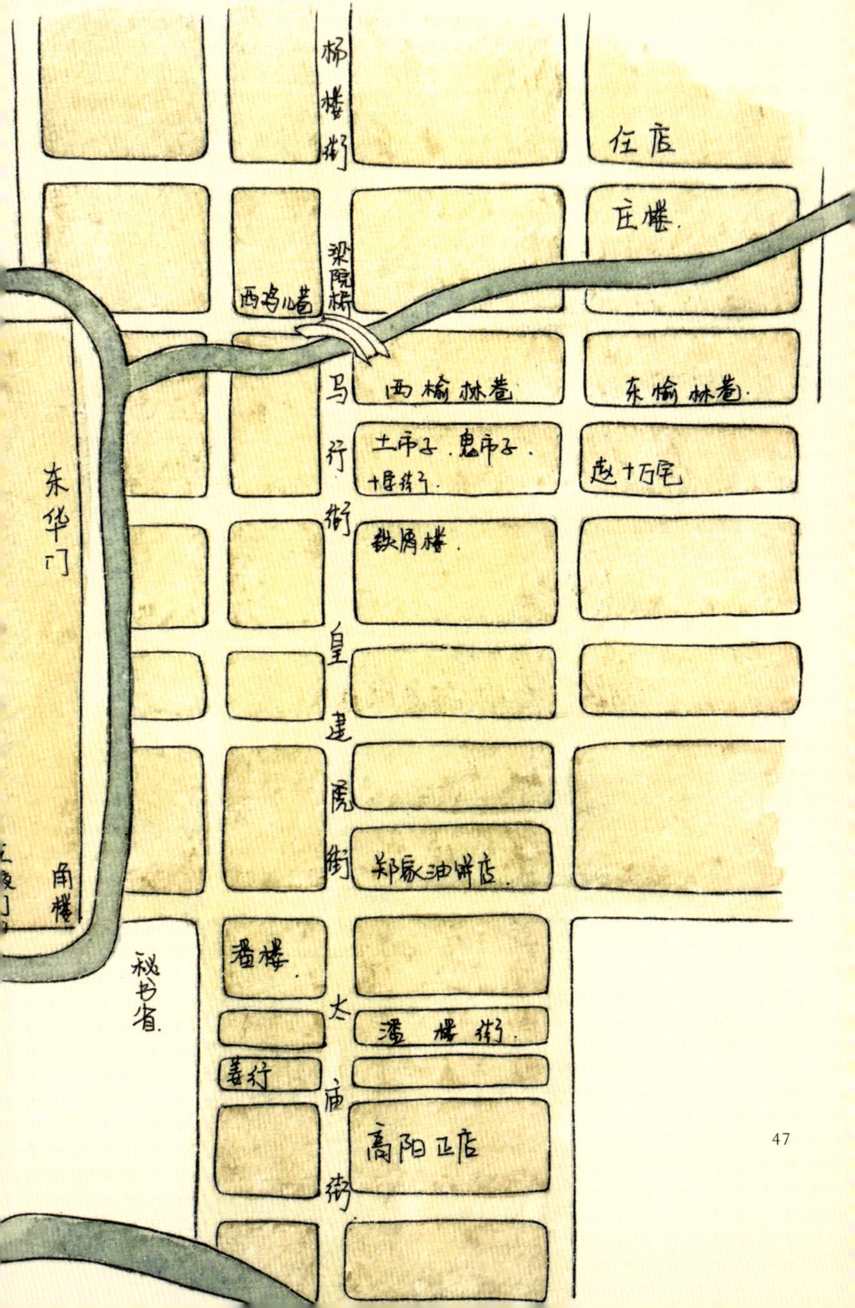
杨楼街
任店
庄楼
梁院街
西鸡儿巷
马行街
西榆林巷
东榆林巷
土市子
鬼市子
十字街
赵十万宅
铁屑楼
东华门
皇建院街
郑家油饼店
角楼
潘楼
秘书省
太庙街
潘楼街
姜行
高阳正店

酒楼

原文

凡京师酒店，门首皆缚彩楼欢门，唯任店入其门，一直主廊约百余步，南北天井两廊皆小阁子，向晚，灯烛荧煌，上下相照，浓妆妓女数百，聚于主廊槏面上，以待酒客呼唤，望之宛若神仙。北去杨楼，以北穿马行街东西两巷，谓之大小货行，皆工作伎巧所居，小货行通鸡儿巷妓馆，大货行通笺纸店。白矾楼后改为丰乐楼，宣和间更修三层相高，五楼相向，各有飞桥栏槛，明暗相通，珠帘绣额，灯烛晃耀。初开数日，每先到者赏金旗，过一两夜则已。元夜则每一瓦陇中皆置莲灯一盏。

译文

凡是京城里的酒店，无一不在门口搭建起彩帛装饰的门楼。只有任店的店门不同，进入任店的大门，便是一条长约百步的主廊，两侧各有天井，天井两边的走廊旁都是一溜小包间。入夜，灯笼蜡烛点燃后照得店内明亮辉煌，楼上楼下相互映照，又有数百个浓妆艳抹的妓女，聚集在主廊的各个窗户前，等着客人把她们招去。远远望去，这群妓女简直像是仙女下凡。任店往北是杨楼，杨楼再往北走穿过马行街，继续往前走，街的东、西两侧各有一条巷子，分别叫大货行巷和小货行巷，巷子里住的都是各类工匠。小货行巷通往鸡儿巷里的妓院，大货行巷则通往笺纸店。白矾楼后来改名为丰乐楼，在宣和年间翻修成了三层高楼，五座楼房遥遥相对，相互

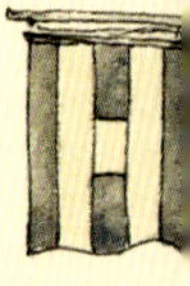

内西楼后来禁人登眺，以第一层下视禁中。大抵诸酒肆瓦市，不以风雨寒暑，白昼通夜，骈阗如此。州东宋门外仁和店、姜店，州西宜城楼、药张四店、班楼，金梁桥下刘楼，曹门蛮王家、乳酪张家，州北八仙楼，戴楼门张八家园宅正店，郑门河王家、李七家正店，景灵宫东墙长庆楼。在京正店七十二户，此外不能

遍数，其余皆谓之“脚店”。卖贵细下酒、迎接中贵饮食，则第一白厨，州西安州巷张秀，以次保康门李庆家，东鸡儿巷郭厨，郑皇后宅后宋厨，曹门砖筒李家，寺东骰子李家，黄胖家。九桥门街市酒店，彩楼相对，绣旆相招，掩翳天日。政和后来，景灵宫东墙下长庆楼尤盛。

之间都架设有装着护栏的悬桥，或明或暗，彼此连通。白矾楼各个房间的门口都挂着珠帘，门上挂着绣匾，房里灯烛辉煌。白矾楼刚开张的头几天，会给当天最前面的几位客人送一面金色旗子，过了一两天之后就不再赠送。每年元宵节，白矾楼房檐的瓦棱口都会挂上一盏莲花造型的灯笼。后来禁止客人登临该酒楼的内西楼眺望，因为内西楼的顶层可以俯视皇宫里面。京城里的这些酒店、瓦子，不论风雨寒暑、白天黑夜，它们的营业从无停歇。京城东面宋门外的仁和店、姜店，城西的宜城楼、药张四店、班楼，金梁桥下的刘楼，曹门蛮王家、乳酪张家，城北的八仙楼，戴楼门张八家园宅正店，

郑门河王家、李七家正店，景灵宫东墙的长庆楼等，都是通宵达旦营业的。在京城的大酒店共有七十二家，规模小的酒店那就数不清了，其他那些小零卖的酒店被称为“脚店”。出售极上乘的下酒菜肴，奉迎宫中宦官权贵宴饮的，第一要数白姓厨师，及城西安州巷的张秀厨师，其次是保康门的李庆家，东鸡儿巷郭厨师，郑皇后宅后宋厨师，曹门砖筒的李家，寺东骰子的李家，还有黄胖家。九桥门街市上的酒店，街两边酒店的彩楼相对，彼此的绣旗也相互对峙招展着，快把整个天空都遮住了。政和年以来，景灵宫东墙下长庆楼酒店生意尤为兴盛。

饮食果子

·原文·

凡店内卖下酒厨子，谓之“茶饭量酒博士”。至店中小儿子，皆通谓之“大伯”。更有街坊妇人，腰系青花布手巾，绾危髻，为酒客换汤斟酒，俗谓之“焌糟”。更有百姓入酒肆，见子弟少年辈饮酒，近前小心供过，使令买物命妓，取送钱物之类，谓之“闲汉”。又有向前换汤斟酒歌唱，或献菓子香药之类，客散得钱，谓之“厮波”。又有下等妓女，不呼自来，筵前歌唱，临时以些小钱物赠之而去，谓之“劄客”，亦谓之“打酒坐”。又有卖药或果实萝卜之类，不问酒客买与不买，散与坐客，然后得钱，谓之“撒暂”。如此处处

·译文·

在酒店里迎客、递送酒水的跑堂叫“茶饭量酒博士”，酒店里的小厮则称为“大伯”。酒店附近街坊间的妇女，腰间系着青花布手巾，头上梳着高高的发髻，到酒店里给客人斟酒、换汤，这类妇女俗称为“焌糟”。此外，还有些闲杂人员，随意进出酒店专门到纨绔子弟们喝酒的桌子跟前，小心伺候，听从使唤，为纨绔子弟买酒食、找妓女，或是做些取钱送信之类的活，这类人被称为“闲汉”。另有一些闲杂人员，他们在酒店里会主动给客人换汤、斟酒、唱曲，或是献些水果、香袋之类的小物件，客人们宴席散后就会赏给这些人一些钱，这类人被叫作“厮波”。此外，还有些下等

有之。唯州桥炭张家、乳酪张家，不放前项人入店，亦不卖下酒，唯以好淹藏菜蔬，卖一色好酒。所谓茶饭者乃百味羹、头羹、新法鹌子羹、三脆羹、二色腰子、虾蕈、鸡蕈、浑炮等羹、旋索粉玉棋子、群仙羹、假河魨、白渫齑、货鳜鱼、假元鱼、决明兜子、决明汤齑、肉醋托胎衬肠、沙鱼两熟、紫苏鱼、假蛤蜊、白肉、夹面子、茸割肉、胡饼、汤骨头、乳炊羊、炖羊、闹厅羊、角炙腰子、鹅鸭排蒸、荔枝腰子、还元腰子、烧臆子、入炉细项莲花鸭签、酒炙肚胘、虚汁垂丝羊头、入炉羊、羊头签、鹅鸭签、鸡签、盘兔、炒兔、葱泼兔、假野狐、金丝肚羹、石肚羹、假炙獐、煎鹌子、生炒肺、

妓女，不等客人的召唤，主动走到桌前为客人唱曲子，酒客临时用些小钱才能将她们打发走，人们把她们叫作“劄客”，也叫作“打酒坐”。还有些带着药物或水果、萝卜之类食物的人，也不问酒客需不需要购买，就散发给在座的酒客，然后从酒客处敛到一些钱财，这种人叫作“撒暂”。城里每家酒店都会有上述这些人出现，唯独州桥炭张家、奶酪张家两家店不允许上述人等入内，店内也不出售各种下酒的小菜，只卖上等腌制好的蔬菜，出售高档美酒。这两家店供应的“茶饭”包括下列菜肴：百味羹、头羹、新法鹌子羹、三脆羹、二色腰子、虾蕈、鸡蕈、浑炮等羹、旋索粉玉棋子、群仙羹、假河豚、白渫齑、货鳜鱼、假元鱼、决明兜子、决明汤齑、肉醋托胎衬肠、沙鱼两熟、紫苏鱼、假蛤蜊、白肉、夹面子、

炒蛤蜊、炒蟹、渫蟹、洗手蟹之类，逐时旋行索唤，不许一味有阙；或别呼索变造下酒、亦即时供应。又有外来托卖炙鸡、爊鸭、羊脚子、点羊头、脆筋巴子、姜虾、酒蟹、獐巴、鹿脯、从食蒸作、海鲜时果、旋切莴苣、生菜、西京笋。又有小儿子，着白虔布衫，青花手巾，挟白磁缸子，卖辣菜。又有托小盘卖干果子，乃旋炒银杏、栗子、河北鹅梨、梨条、梨干、梨肉、胶枣、枣圈、梨圈、桃圈、核桃肉、牙枣、

茸割肉、胡饼、汤骨头、乳炊羊、炖羊、闹厅羊、角炙腰子、鹅鸭排蒸、荔枝腰子、还元腰子、烧臆子、入炉细项莲花鸭签、酒炙肚胘、虚汁垂丝羊头、入炉羊、羊头签、鹅鸭签、鸡签、盘兔、炒兔、葱泼兔、假野狐、金丝肚羹、石肚羹、假炙獐、煎鹌子、生炒肺、炒蛤蜊、炒蟹、渫蟹、洗手蟹等等，客人点菜随点随到。绝不会出现菜单上有而厨房里做不出来的菜肴，即便客人临时要求改变菜的做法，店家也会立马做好上桌。这两家酒店里有时还有外来的人，他们手里托着盒子或盘子，来卖炙

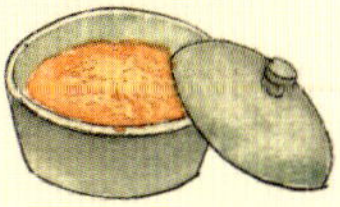

海红、嘉庆子、林檎旋、乌李、李子旋、樱桃煎、西京雪梨、夫梨、甘棠梨、凤栖梨、镇府浊梨、河阴石榴、河阳查子、查条、沙苑榅桲、回马孛萄、西川乳糖、狮子糖、霜蜂儿、橄榄、温柑、绵枨金橘、龙眼、荔枝、召白藕、甘蔗、漉梨、林檎干、枝头干、芭蕉干、人面子、巴榄子、榛子、榧子、虾具之类。诸般蜜煎、香药果子、罐子党梅、柿膏儿、香药小元儿、小腊茶、鹏沙元之类。更外卖软羊诸色包子，猪羊荷包，烧肉干脯，玉板鲊，犯鲊、片酱之类。其余小酒店亦卖下酒，如煎鱼、鸭子、炒鸡兔、煎燠肉、梅汁、血羹、粉羹之类。每分不过十五钱。诸酒店必有厅院，廊庑掩映，排列小阎子，吊窗花竹，各垂帘幕，命妓歌笑，各得稳便。

鸡、爊鸭、羊脚子、点羊头、脆筋巴子、姜虾、酒蟹、獐巴、鹿脯、蒸制的面食、海鲜时果、现切莴苣、生菜、西京笋等下酒的小菜；有时还会有一些年轻人，他们穿着白虔布衫，系着青花手巾，抱着白磁缸子，叫卖辣菜；还有的托着小盘子来卖各种水果干：现炒银杏、栗子、河北鹅梨、梨条、梨干、梨肉、胶枣、枣圈、梨圈、桃圈、核桃肉、牙枣、海红、嘉庆子、林檎旋、乌李、李子旋、樱桃煎、西京雪梨、夫梨、甘棠梨、凤栖梨、镇府浊梨、河阴石榴、河阳山楂、山楂条、沙苑榅桲、回马葡萄、西川乳糖、狮子糖、霜蜂儿、橄榄、温柑、绵枨金橘、龙眼、荔枝、召白藕、甘蔗、漉梨、林檎干、枝头干、芭蕉干、人面子、巴榄子、榛子、榧子、虾具等等；此外还有各种蜜饯、各色香药果子、罐子党梅、

柿膏儿、香药小丸儿、小臈茶、鹏沙元等等；另外还有卖软羊诸色包子、猪羊荷包、烧肉干脯、玉板鲊、犯鲊、片酱之类。其余的小酒店里还会卖一些价廉物美的下酒食品，诸如煎鱼、鸭子、炒鸡兔、煎燠肉、梅汁、血羹、粉羹之类，每份只需十五个铜钱。每家酒店都必有厅堂庭院，廊庑掩映。两旁各一排小包间，包间装有吊窗，窗檐下种植花、草、修竹，门口都挂着门帘帷幕，在一个小包间里狎客和妓女调笑、唱曲子不会干扰到其他房间的客人。

卷叁

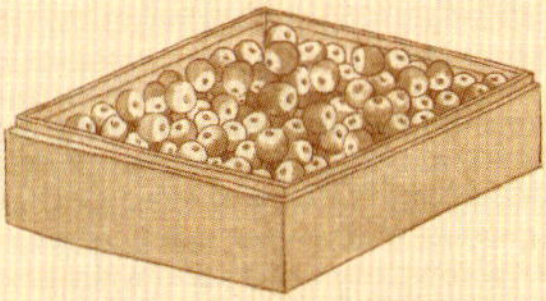

马行街北诸医铺

·原文·

马行北去，乃小货行时楼，大骨传药铺，直抵正系旧封丘门，两行金紫医官药铺，如杜金钩家，曹家独胜元，山水李家口齿咽喉药，石鱼儿班防御，银孩儿栢郎中家医小儿，大鞋任家产科，其余香药铺席，官员宅舍，不欲遍记。夜市比州桥又盛百倍，车马阗拥，不可驻足，都人谓之“里头”。

·译文·

马行街往北走，是小货行时楼和大骨传药铺，一路走到头就是旧封丘门。马行街两侧都是金紫医官药铺，先人曾当过太医，比如杜金钩家、曹家独胜丸、山水李家口齿咽喉药、石鱼儿班防御、银孩儿柏郎中家专医小孩、大鞋任家产科。这条街剩下的就是各种香料店铺、朝廷官员的住宅，这里就不一一详述。马行街夜市要比州桥夜市热闹百倍，车水马龙，拥挤不堪，几乎无法立足。京城里的人把这叫“里头”。

大内西右掖门外街巷

·原文·

大内西去，右掖门袄庙，直南浚仪桥。街西尚书省东门。至省前横街。南即御史台，西即郊社。省南门正对开封府后墙，省西门谓之西车子曲，史家瓠羹、万家馒头，在京第一。次曰吴起庙。出巷乃大内西角楼，大街西去踊路街，南太平兴国寺后门，北对启圣院。街以西殿前司，相对清风楼、无比客店、张戴花洗面药、国太丞、张老儿、金龟儿、丑婆婆药铺、唐家酒店，直至梁门，正名阊阖。出梁门西去，街北建隆观，

·译文·

从皇宫向西去，右掖门附近有座袄庙，从袄庙那儿向南一直走下去，就会走到浚仪桥。街的西边是尚书省的东门，往前走便到尚书省门前的横街，横街的南边是御史台，御史台西面是祭祀天地之所。尚书省的南门正对开封府后墙，尚书省的西门叫西车子曲，街边拐角有史家瓠羹、万家馒头两个店家，它们卖的食品在京城里数一数二。再往前就是吴起庙，出了巷子就是皇宫的西角楼，沿着楼前大街向西走是踊路街，南太平兴国寺的后门在此处，北面正对着启圣院。大街以西是殿前都指挥使司，与都指挥使司隔街相望的是清风楼、无比客店、张戴花洗面药店、国太丞、张老儿、金龟儿、丑婆婆药铺、唐家酒店，这些店铺一

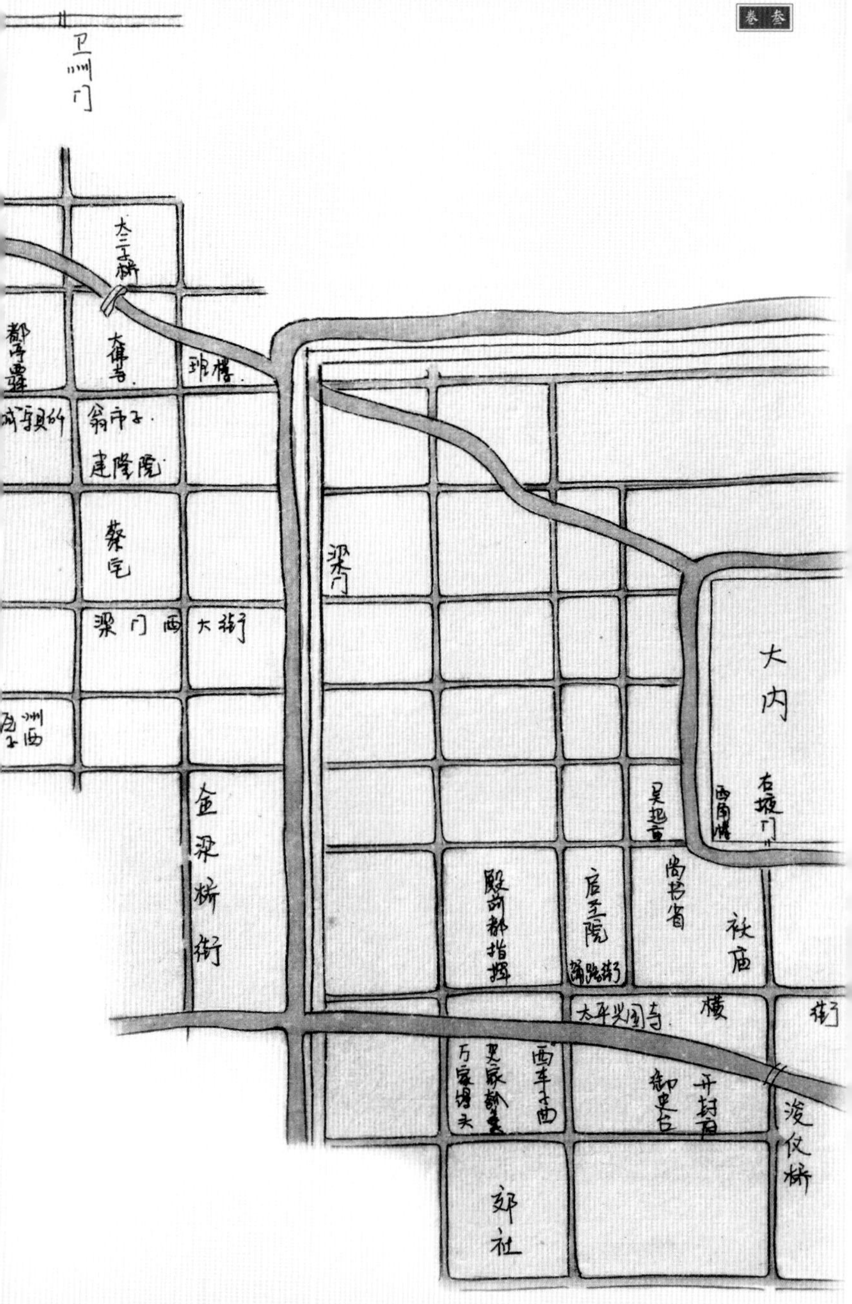
卫州门
太子桥
大佛寺
都亭驿
班楼
翁市子
建隆观
蔡宅
梁门西大街
州西
金梁桥街
梁门
大内
西角楼
右掖门
尚书省
殿前都指挥
祆庙
横街
太平兴国寺
万家馒头
史家瓠羹
西车子曲
御史台
开封府
浚仪桥
郊社

观内东廊于道士卖齿药，都人用之。街南蔡太师宅，西去州西瓦子，南自汴河岸，北抵梁门大街，亚次里瓦，约一里有余。过街北即旧宜城楼。近西去金梁桥街，西大街荆筐儿药铺、枣王家金银铺。近北巷口熟药惠民西局。西去瓮市子，乃开封府刑人之所也。西去盖防御药铺、大佛寺，都亭西驿，相对京城守具所。自瓮市子北去大街，班楼酒店，以北大三桥子至白虎桥，直北即卫州门。

直开到梁门，梁门的正式名字是“阖阊”。穿过梁门往西去，街北面是建隆观，于道士道观的东廊上卖治牙痛病的药，京城里有不少人前来买药。街南面是太师蔡京的住宅。再往西去是州西瓦子，它南边到汴河岸，北边一直到梁门大街，占地面积要比里瓦子小，大概一里多。街的北面就是原来的宜城楼，往西不远就到了金梁桥街，街西边有荆筐儿药铺、枣王家金银铺。街北边不远处巷口有熟药惠民西局，再往西去是瓮市子，开封府处决死刑犯的刑场设在这里。从瓮市子往西去是盖防御药铺、大佛寺以及都亭西驿，驿站和京城守具所隔街相望。瓮市子往北去的大街，有班楼酒店，再往北走，就到了大三桥子、白虎桥，往北一直走到头是卫州门。

大内前州桥东街巷

·原文·

大内前州桥之东，临汴河大街，曰相国寺。有桥平正如州桥，与保康门相对。桥西贾家瓠羹，孙好手馒头，近南即保康门潘家黄耆圆。延宁宫禁女道士观，人罕得入。街西保康门瓦子，东去沿城皆客店，南方官员商贾兵级皆于此安泊。近东四圣观、袜拗巷。以东城角定力院，内有朱梁高祖御容。出保康门外，新建三尸庙、德安公庙。南至横街，西去通御街曰麦稍巷口。以南太学东门，水柜街余家染店。以南街东法云寺。又西去横街张驸马宅，寺南佑神观。

·译文·

皇宫的正门前、州桥东面，挨着汴河大街的是相国寺，寺前有一座小桥像州桥一样平整，正对着保康门。小桥的西面是贾家瓠羹店和孙好手馒头店，南面不远处是保康门潘家黄耆丸店与延宁宫的女道士观，常人很难入道观。街西边是保康门瓦子。沿着州桥东街往东走，挨着城墙的那一带全是旅店，南方来的官员、商人、士兵及低级军官，进京后都在此歇息。东边附近是四圣观与袜拗巷。汴京城的东城角处是定力院，院内还保存有梁高祖朱温的画像。出了保康门外，有新建的三尸庙和德安公庙，保康门往南是横街，往西则是麦稍巷，它通往御街。巷口南面是太学东门，水柜街的余家染店。再往南，

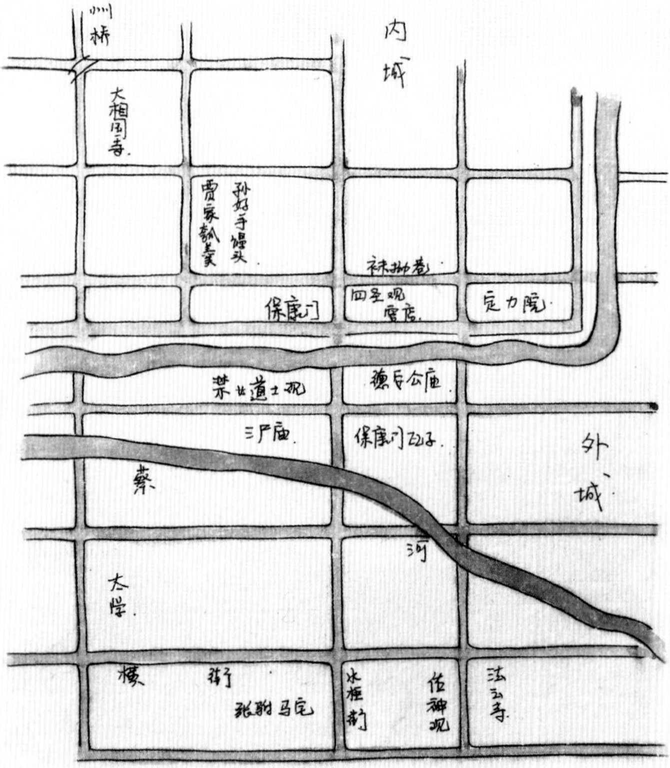

街东面就是法云寺。若往西去，就到了横街，那儿有张驸马的住宅，法云寺南面是佑神观。

相国寺内万姓交易

·原文·

相国寺每月五次开放，万姓交易，大三门上皆是飞禽猫犬之类，珍禽奇兽，无所不有。第二、三门皆动用什物，庭中设彩幕、露屋义铺，卖蒲合簟席、屏帏洗漱、鞍辔、弓剑、时果、腊脯之类。近佛殿，孟家道冠、王道人蜜煎、赵文秀笔及潘谷墨占定。两廊皆诸寺师姑卖绣作、领抹、花朵、珠翠、头面、生色销金花样幞头、帽子、特髻、冠子、绦线之类。殿后资圣门前，皆书籍、玩好、图画及诸路散任官员土物、香药之类。后廊皆日者、货术、传神之类。

·译文·

相国寺每月会对外开放五次，百姓可在寺内做买卖。大门处是卖飞禽、猫、犬之类的摊子，珍禽异兽无所不有。第二、第三道山门处，卖的全是各类日常生活用品，庭院里架起许多彩色帐幔，露天的售货摊出售蒲苇草席、竹席、屏风、帐幔、洗漱用具，以及马鞍、缰绳、弓、剑、时令鲜果、干果腊肉等。大佛殿的旁边有出售孟家道冠、王道人蜜饯、赵文秀笔以及潘谷墨锭的摊子。大殿的左右两边走廊上，全是各寺院的尼姑们出售她们制作的刺绣、领抹、花朵、珍珠、翡翠、头饰、各色镶嵌金线的幞头、帽子、假发髻、贵妇的冠子、彩色丝带之类的饰物。大殿后面的资圣门前，全是书摊和各种珍奇玩物、字画

寺三门阁上并资圣门，各有金铜铸罗汉五百尊、佛牙等。凡有斋供，皆取旨方开。三门左右有两瓶琉璃塔，寺内有智海、惠林、宝梵、河沙、东西塔院，乃出角院舍，各有住持僧官。每遇斋会，凡饮食茶果，动使器皿，虽三五百分，莫不咄嗟而辨。大殿两廊，皆国朝名公笔迹，左壁画炽盛光佛降九鬼百戏，右壁佛降鬼子母揭盂。殿庭供献乐部马队之类。大殿朵廊，皆壁隐楼殿人物，莫非精妙。

的摊子，以及各路卸任官员带到京师的土产、香料、药品等。后廊一带全是占卜卖卦和给人画像的摊子。相国寺大门和资圣门楼阁里分别陈列有鎏金铜铸的罗汉像五百尊、佛牙等。要在这两处斋供的话必须事先得到皇帝的允准。寺的大门外左右两侧各有一座琉璃塔。寺里的僧人分别住在智海、惠林、宝梵、河沙、东西塔院，各院都有住持和僧官管理。

每次举行斋会，凡是茶点、水果、饮食和各种碗碟器皿，即使需要准备三五百人的分量，都能立马备齐。大殿两边走廊的墙上，都是本朝名人的手迹，左面墙上画的是炽盛光佛降九曜鬼百戏图，右面墙上画的是佛降鬼子母揭盂图。大殿的庭院里陈设有乐工与马队之类的仪仗，两侧走廊的墙上画有楼台、亭榭和各种人物像，无一不是精妙绝伦。

寺东门街巷

·原文·

寺东门大街，皆是幞头、腰带、书籍、冠朵铺席。丁家素茶。寺南即录事巷妓馆。绣巷皆师姑绣作居住。北即小甜水巷，巷内南食店甚盛，妓馆亦多。向北李庆糟姜铺。直北出景灵宫东门前。又向北曲东税务街、高头街。姜行后巷，乃脂皮画曲妓馆。南北讲堂巷，孙殿丞药铺、靴店。出界身北巷，巷口宋家生药铺，铺中两壁皆李成所画山水。自景灵宫东门大街向东，街北旧乾明寺，沿火改作五寺三监。以东向南曰第三条甜水巷。以东熙熙楼客店，都下着数。以东街南高

·译文·

相国寺东门前的大街上，全是出售幞头、腰带、书籍、冠朵的店铺，丁家素茶店也在这条街上。相国寺南面有条录事巷，巷里有很多妓院，还有一条绣巷，住的都是靠刺绣谋生的尼姑。相国寺的北面是小甜水巷，巷内有很多专门制作南方饭食的店铺，生意都很兴隆，不少妓院也开在这里。沿着这条小巷往北走，是李庆糟姜铺，一直往北走可到达景灵宫东门。向东走穿过税务街、高头街和姜行后巷，就到了脂皮画曲妓院。孙殿丞药铺、靴店在南北讲堂巷里。宋家生药铺在界生北巷的巷口，药铺的墙壁上挂着李成的山水画。从景灵宫的东门大街往东走，街北是乾明寺。乾明寺毁于火灾，后在此处建成五寺三监。再往东面，

阳正店。向北入马行。向东，街北曰车辂院，南曰第二甜水巷。以东审计院，以东桐树子韩家，直抵太庙前门。南往观音院，乃第一条甜水巷也。太庙北入榆林巷，通曹门大街，不能遍数也。

向南是第三条甜水巷。再往东是熙熙楼客店，这在京城中也是屈指可数的名店。再往东，街南是高阳酒店，往北进入马行街。再往东面，街北是车辂院，南边是第二条甜水巷。审计院在东面往里走，再东面是桐树子韩家，走到底是太庙前门，南边通往观音院，第一条甜水巷就在观音院那边。从太庙北面进入榆林巷，这条巷子直通曹门大街，街上的情况就不一一详细记录了。

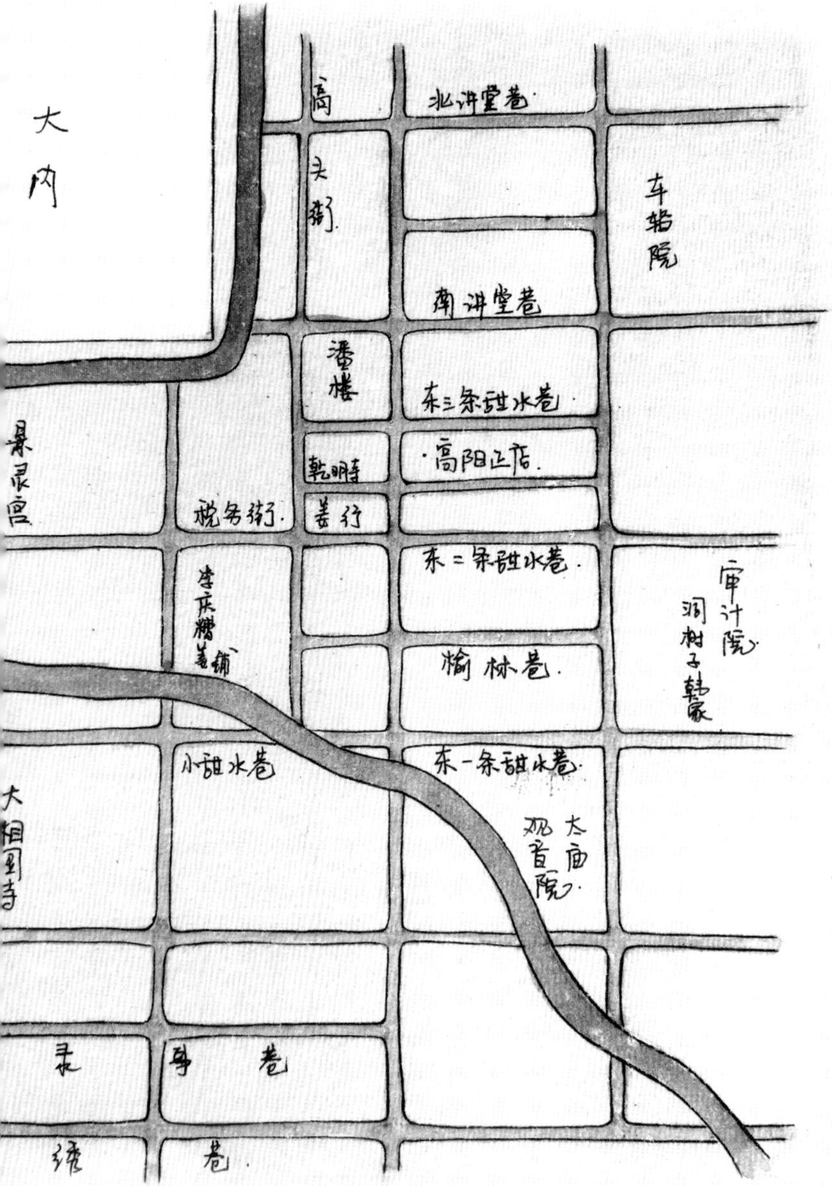
大内
高头街
北讲堂巷
车辂院
南讲堂巷
潘楼
东三条甜水巷
高阳正店
乾明寺
景灵宫
税务街
姜行
东二条甜水巷
审计院
洞树子韩家
李庆糟姜铺
榆林巷
小甜水巷
东一条甜水巷
大相国寺
观音院
太庙
录事巷
绣巷

上清宫在新宋门里街北，以西茆山下院。醴泉观在东水门里。观音院在旧宋门后太庙南门。景德寺在上清宫背，寺前有桃花洞，皆妓馆。开宝寺在旧封丘门外斜街子，内有二十四院，惟仁王院最盛。天清寺在州北清晖桥。兴德院在金水门外。长生宫在鹿家巷。显宁寺在炭场巷北。婆台寺在陈州门里。兜率寺在红门道。地踊佛寺在州西草场巷街南。十方净因院在州西油醋巷。浴室院在第三条甜水巷。福田院在旧曹门外。报恩寺在卸盐巷。太和宫女道士在州西洪桥子大街。洞元观女道士在班楼北。瑶华宫在金水门外。万寿观在旧酸枣门外十王宫前。

上清宫在新宋门里街的北侧，往西是茆山下院。醴泉观在东水门里。观音院在旧宋门后方太庙的南门处。景德寺在上清宫后面，寺前有桃花洞，里面都是妓馆。开宝寺在旧封丘门外的斜街子，寺内有二十四院，其中仁王院最为兴盛。天清寺在汴州北边清晖桥那边。兴德院在金水门外面。长生宫在鹿家巷外面，显宁寺在炭场寺北面。婆台寺在陈州门内，兜率寺在红门道，地踊佛寺在汴州城西边草场巷的街南。十方净因院在汴州城西的油醋巷。浴室院在第三条甜水巷，福田院在旧曹门外面。报恩寺在卸盐巷。太和宫女道士观在汴州城西洪桥子大街。洞元观女道士在班楼北。瑶华宫在金水门外面，万寿观在旧酸枣门外十王宫的前面。

上清宫

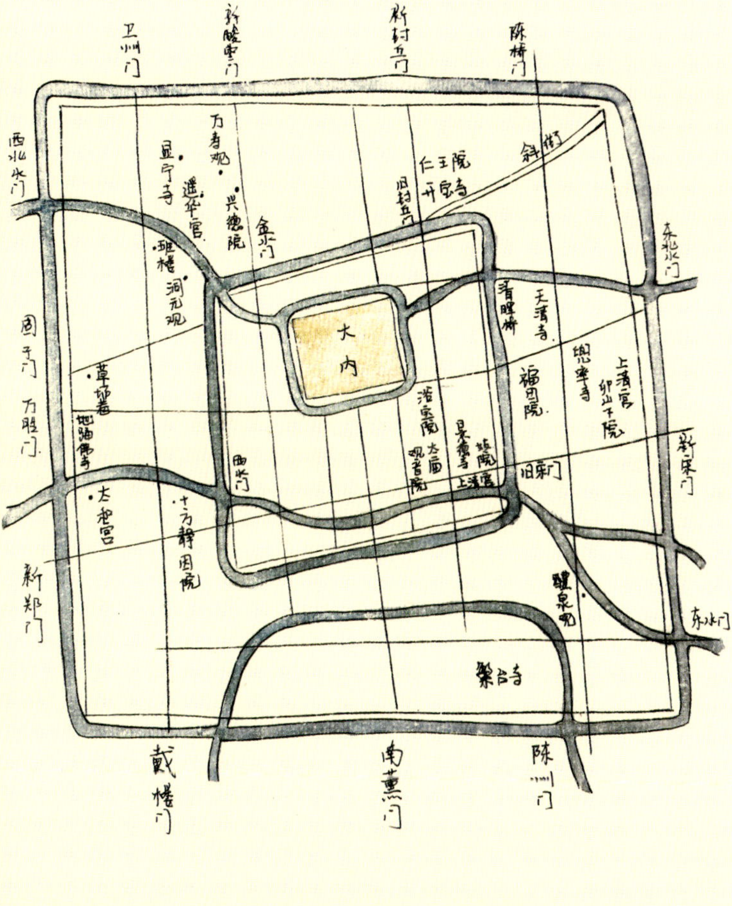
卫州门
新酸枣门
新封丘门
陈桥门
西北水门
万寿观
兴德院
金水门
班楼
洞元观
仁王院
开宝寺
斜街
旧封丘门
东北水门
天清寺
福田院
上清宫
固子门
万胜门
地踊佛寺
大内
太庙
观音院
景德寺
上清宫
旧宋门
新宋门
西水门
太和宫
十方静因院
新郑门
醴泉观
东水门
繁台寺
戴楼门
南薰门
陈州门

·原文·

马行北去，旧封丘门外袄庙斜街、州北瓦子。新封丘门大街，两边民户铺席，外余诸班直军营相对，至门约十里余，其余坊巷院落，纵横万数，莫知纪极。处处拥门，各有茶坊酒店，勾肆饮食。市井经纪之家往往只于市店旋买饮食，不置家蔬。北食则矾楼前李四家、段家爊物、石逢巴子，南食则寺桥金家、九曲子周家，最为屈指。夜市直至三更尽，才五更又复开张。如要闹去处，通晓不绝。寻常四梢远静去处，

·译文·

马行街往北走，穿过旧封丘门就到了外袄庙斜街、汴州城北的瓦子。新封丘门大街两边都是民居、商铺，诸班直的军营两两相对，从此处到新封丘门约十里路程，街坊邻里、庭院民居交错纵横、数以万计，不知具体数目。商户如云，门庭若市，到处都是茶坊、酒楼，艺人卖艺、叫卖饮食。街市上的生意人都习惯在店铺中现吃，家里基本不备饮食。北方人最喜欢的口味莫过于矾楼前的李四家饭店、段家煮物以及石逢巴子，而寺桥边的金家店、九曲子周家则深受南方人喜爱，这些店在京城也最为

马行街铺席

夜市亦有燋酸豏、猪胰、胡饼和菜饼、獾儿、野狐肉、果木翘羹、灌肠、香糖果子之类。冬月虽大风雪阴雨，亦有夜市：𫗦子、姜豉、抹脏、红丝、水晶脍、煎肝脏、蛤蜊、螃蟹、胡桃、泽州饧、奇豆、鹅梨、石榴、查子、榅桲、糍糕、团子、盐豉汤之类。至三更，方有提瓶卖茶者。盖都人公私荣干，夜深方归也。

有名。夜市一般到三更时才结束，到了五更，早市又开始了。一些热闹的地方，夜市则是通宵不断。在一些比较偏僻的夜市里，也有煎烤过的蔬菜包子、猪内脏、馕、菜饼、獾和野狐肉、水果翘羹、灌肠、蜜饯等。寒冬腊月的雨雪天气，也有夜市。有𫗦子、生姜豆豉、抹脏、红丝、水晶脍、煎肝脏、蛤蜊、螃蟹、胡桃、泽州饧、奇豆、鹅梨、石榴、山楂、榅桲、糍糕、团子、盐豉汤之类的食物。三更时分，便有人叫卖茶水。因京城人无论是办公事还是私事，往往深夜才回家。

般载杂卖

·原文·

东京般载车，大者曰“太平”，上有箱无盖，箱如构栏而平，板壁前出两木长二、三尺许，驾车人在中间，两手扶捉鞭绥驾之，前列骡或驴二十余，前后作两行；或牛五、七头拽之。车两轮与箱齐，后有两斜木脚拖，夜中间悬一铁铃，行即有声，使远来者车相避。乃于车后系驴、骡二头，遇下峻险桥路，以鞭唬之，使倒坐缍车，令缓行也。可载数十石。官中车惟用驴差小耳。其次有“平头车”，亦如“太平车”而小，两轮前出长木作辕，木梢横一木，

·译文·

汴京的搬运车，大的叫“太平车”，车上有车厢而无车盖，车厢是平整的栏杆状结构。车厢壁左右各向前伸出一根二三尺长的木档，驾车人在木档中，手持鞭子和车绳驾驭此车。车前排列骡子或毛驴二十多头，前后分成两排；或者是用五到七头牛来拉车。车子的两轮与车厢齐平，车尾装有两块斜木脚拖，夜间会悬挂一枚铁铃在木脚拖中间，行车时便会有声响，提醒远处来的车避让。一般在车尾也会系骡子或毛驴两头，遇到险峻的桥或道路，赶车人就会挥舞鞭子，吓唬它们倒行，使行车减速。“太平车”可装载数十石（大约 1200 斤）重的货物，官府中的“太平车”一般用小一些的驴子来拉。其次还有“平头车”，形制类似“太平车”但略小一些，

以独牛在辕内，项负横木，人在一边，以手牵牛鼻绳驾之，酒正店多以此载酒梢桶矣。梢桶如长水桶，面安靥口，每梢三斗许，一贯五百文。又有宅眷坐车子，与“平头车”大抵相似，但棕作盖，及前后有构栏门，垂帘。又有独轮车，前后二人把驾，两旁两人扶拐，前有驴拽，谓之“串车”，以不用耳子转轮也。般载竹木瓦石，但无前辕，止一人或两人推之。此车往往卖糕及糕糜之类，人用不中载物也。平盘两轮，谓之“浪子车”，唯用人拽。又有载巨石大木，只有短梯盘而无轮，谓之“痴车”，皆省人力也。又有驼骡驴驮子，或皮或竹为之，如方匾竹笼，两搭背上，斛斗则用布袋驮之。

两轮前伸出长木档作车辕，长木档的顶部横置一木档，拴一头牛在车上，将横木置于牛颈，驾车人在一旁，牵着牛鼻绳驾车。大酒店常用平头车运载酒梢桶。酒梢桶形似长水桶，顶端装了一个密封口，能装三斗多酒，一梢桶酒可卖一贯五百文钱。城中还有专供

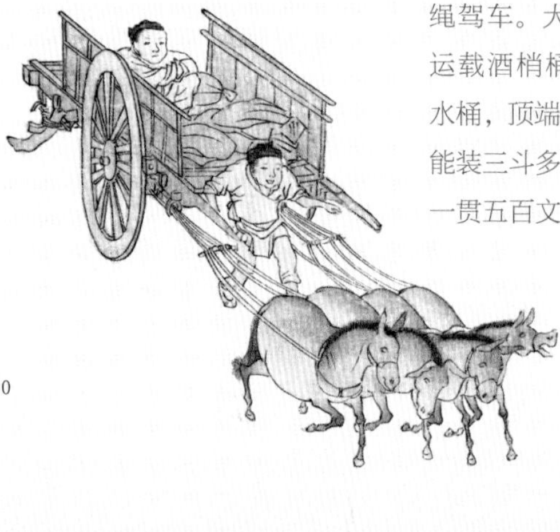

富贵人家眷属乘坐的车子，外形很像平头车，但车厢有棕榈盖，且前后有栏杆门和门帘。还有独轮车，两人一前一后把住车架，两人在车身两旁扶着帮助车子转弯，靠驴拉前进的独轮车叫串车，这种车就不用专人来辅助车身转弯了。用来搬运竹子、木材、瓦片和石料，这种车车前无车辕，只需一人或两人在车后推车。但这种车往往用于卖糕点之类的食物，很少用于装载重物。那种只有平整车板的两轮车叫“浪子车”，只用人力拉。又有一种装载巨石、大木头，只有平车板、车板下装了低梯架，没有轮子，叫作“痴车”。这些车都很节省人力。还有以骆驼、毛驴、骡等牲口驮运货物，驮子一般以皮或竹子制成，如方匾、竹筐，一边一个搭在牲口背上，若运粮食则用布袋子装。

都市钱陌

·原文·

都市钱陌，官用七十七，街市通用七十五，鱼肉菜七十二陌，金银七十四，珠珍、雇婢妮、买虫蚁六十八，文字五十六陌，行市各有短长使用。

·译文·

在京城集市中交易使用的是钱陌，官府以七十七文钱折合一陌，集市上通用的比价是七十五文钱折合一陌，鱼肉菜市场里以七十二文钱折合一陌，金银首饰行以七十四文钱折合一陌，珍珠宝石行业、雇用婢女、买卖宠物的生意里是以六十八文钱折合一陌，师爷、先生写字以五十六文钱折合一陌，各行各业所定的比价也时有不同。

雇觅人力

• 原文 •

凡雇觅人力，干当人、酒食、作匠之类，各有行老供雇。觅女使，即有引至牙人。

• 译文 •

如果要在京城内雇用人力，比如雇干练能干的人、厨师、手工艺人，你需要通过“行老”推荐被雇用者。如果是雇佣女仆，你就要通过“牙人”（中间人）来引荐人选。

防火

·原文·

每坊巷三百步许，有军巡铺屋一所，铺兵五人，夜间巡警，收领公事。又于高处砖砌望火楼，楼上有人卓望。下有官屋数间，屯驻军兵百余人，及有救火家什，谓如大小桶、洒子、麻搭、斧锯、梯子、火叉、大索、铁猫儿之类。每遇有遗火去处，则有马军奔报军厢主。马步军、殿前三衙、开封府各领军级扑灭，不劳百姓。

·译文·

京城内街坊里巷每隔三百步左右，就设有一个军巡铺，每铺有五个士兵，他们负责夜间巡逻警戒，拘捕犯人。京城里地势高的地方还用砖砌起高高的望火楼，楼上设有瞭望哨，楼下有若干官兵营房，驻扎百余名士兵，还配备有救火器具，诸如大小水桶、洒子、麻绳梯、斧子、锯子、木梯子、火叉、粗缆绳、铁钩子等。每当出现火灾，就有骑兵报告街区的防火指挥官及马军、步军、殿前三个衙门，同时通知开封府。各级部门率领军士前去灭火，而不会惊动老百姓。

天晓诸人入市

·原文·

每日交五更，诸寺院行者打铁牌子，或木鱼，循门报晓，亦各分地方，日间求化。诸趋朝入市之人，闻此而起。诸门桥市井已开，如瓠羹店门首坐一小儿，叫“饶骨头”，间有灌肺及炒肺。酒店多点灯烛沽卖，每分不过二十文，并粥饭点心。亦间或有卖洗面水，煎点汤茶药者，直至天明。其杀猪羊作坊，每人担猪羊及车子上市，动即百数。如果木亦集于朱雀门外及州桥之西，谓之果子行。纸画儿亦在彼处，行贩不绝。其卖麦面，每秤作一布袋，谓之“一宛”；或三五秤作一宛，用太平车或驴马驮之，从城外守门入城货卖，至天明不绝。更有御街州桥至南内前，趁朝卖药及饮食者，吟叫百端。

·译文·

每到五更天，各寺院的行者敲着一块铁铛或木鱼，沿街给居民们报晓，每个行者都有自己分管的报晓地段，白天则到城内化缘。那些赶早集入城的人，一听到报晓声，就纷纷起床准备。五更一过，京城各个城门、吊桥、街市都已开放，像瓠羹店门口常有个小孩坐在那里，这小孩叫作“饶骨头”，瓠羹店有时有灌肺或炒肺卖。五更天时天未放明，酒店里多是点灯烛来卖酒食，每份不超过二十文钱，还包含有粥、饭、点心。有时也卖洗脸水，煎制的汤、药茶，一直到天亮。那些杀猪羊的作坊，往往有人挑着猪羊、有人用车推着猪羊去集市，这些卖肉的人动辄数以百计。水果摊子则集中于朱雀门外及州桥的西面，也称为果子行。各种纸张、画作也在那里交易。还有卖面粉的，每十五斤装一袋，叫作“一宛”，或者以三五秤作一宛，用太平车或者驴车驮运，五更前就运至城门外等候开城门，进城入市场去卖，络绎不绝，直至天明也未断绝。从御街州桥到皇宫南门前，到处是赶早入市卖药品和食物的商贩，各种各样的叫卖声此起彼伏。

诸色杂卖

· 原文 ·

若养马，则有两人日供切草；养犬则供饧糟；养猫则供猫食并小鱼。其锢路、钉铰、箍桶、修整动使、掌鞋、刷腰带、修幞头、帽子、补角冠。日供打香印者，则管定铺席、人家牌额，时节即印施佛像等。其供人家打水者，各有地分坊巷，以有使漆、打钗环、荷大斧斫柴、换扇子柄、供香饼子、炭团；夏月则有洗毡

·译文·

如果要养马，则需雇两人每日提供切好的草料，养狗能找到专供狗吃的饴糖渣，养猫则有店家专供猫食和小鱼。城中还有补漏壶、洗镜补锅、箍桶、整修日常工具、补鞋、修幞头、帽子、角冠的匠人。供应制作盘香的都有固定的店铺和人家。每逢佛祖的纪念日，有专

淘井者，举意皆在目前。或军营放停乐人，动鼓乐于空闲，就坊巷引小儿妇女观看，散糖果子之类，谓之“卖梅子”，又谓之“把街”。每日如宅舍宫院前，则有就门卖羊肉、头、肚、腰子、白肠、鹑、兔、鱼、虾、退毛鸡鸭、蛤蜊、螃蟹、杂燠、香药果子；博卖冠梳、领抹、头面、衣着、动使、铜铁器、衣箱、磁器之类。亦有扑上件物事者，谓之“勘宅”。其后街或空闲处、团转盖局屋，向背聚居，谓之“院子”，皆小民居止，每日卖蒸梨枣、黄糕麋、宿蒸饼、发牙豆之类。每遇春时，官中差人夫监淘在城渠，别开坑盛淘出者泥，谓之“泥盆”，候官差人来检视了方盖覆。夜间出入，月黑宜照管也。

门的人印制施送佛像等物。不同的地区街坊有专为人家打水的组织，还有专做油漆、打制钗头耳环、扛斧劈柴、换扇柄、供应香囊、手炉、炭团的人。夏天有专人清洗毛毡和淘井，随时都在眼前。军营中处于休假状态的乐工，空闲时吹打鼓乐，引得附近街坊的小孩妇女观看，散发糖果点心之类，有人称为“卖梅子”，又称为“把街”。每日在一些富贵人家的宅院前，则有商户上门卖羊头肚肉、腰子、白肠、鹌鹑、兔子、鱼、虾、褪毛鸡鸭、蛤蜊、螃蟹、腌肉、香药果子等，还有以钱作赌注，赌卖领抹、头面、衣着、日用铜铁器、衣箱、瓷器之类的东西，还有直接以物件来赌，叫作“勘宅”。城中后街或空地，都建了简陋的房屋。这样的屋子前后相背，聚于一处，叫作“院子”，都是些身份地位低微的老百姓居住，每天卖一些蒸梨枣、黄糕

糜、宿蒸饼、发牙豆之类的食物。每到春天，官府都会差人来疏通城中的河渠，并另外挖坑来装这些污泥，叫作“泥盆”。泥盆要等官府派人检查后才能封盖。夜间要派人守着这些泥盆，以防夜间视线不好行人不小心坠入其中。

卷肆

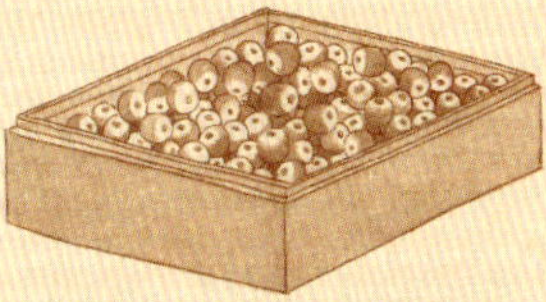

军头司

·原文·

军头司每旬休，按阅内等子、相扑手、剑棒手格斗、诸军营殿前指挥使、直，在禁中有左、右班、内殿直、散员、散都头、散直、散指挥、御龙左右直，系打御从物。御龙骨朵子直、弓箭直、弩直、习驭直、骑御马直、钧容直、招箭班、金枪班、银枪班、殿侍诸军东西五班，均属常入祗候。每日教阅野战。每遇诸路解到武艺人，对御格斗。天武、捧日、龙卫、神卫，各二十指挥，谓之上四军，不出戍。骁骑、云骑、拱圣、龙猛、龙骑，各十指挥。殿前司、步军司有虎翼各二十指挥。虎翼水军、

·译文·

军头司每旬（十天）休假一天，但到了旬休日，军头司要派人去督促人员训练。在考核范围内的包括等子、相扑手、剑棒手、诸军营殿前指挥使、直，在宫中各有左右班、内殿直、散员、散都头、散直、散指挥、御龙左右直，乃是打御从物，包括御龙骨朵子直、弓箭直、弩直、习驭直、骑御马直、钧容直、招箭班、金枪班、银枪班、殿侍诸军东西五班，都是常入祗候的二十四班，他们每日教习检阅野战之阵。每逢皇帝赐宴与群臣共饮时，这些人就会被带到宴会现场与京中武艺高强的人比拼。天武、捧日、龙卫、神卫四军，各辖二十指挥的兵力，被称为“上四军”，只驻守京城、不必戍守边境。骁骑、云骑、拱圣、龙猛、龙骑这五军，各辖十指挥的兵力。

宣武，各十五指挥。神勇、广勇，各十指挥。飞山、床子弩、雄武、广固等指挥。诸司则宣效六军、武肃、武和、街道司诸司。诸军指挥动以百数。诸宫观宅院各有清卫、厢军、禁军剩员十指挥。其余工匠、修内司、八作司、广固作坊，后苑作坊、书艺局、绫锦院、文绣院、内酒坊、法酒库、牛羊司、酒醋库、仪鸾司、翰林司、喝探、武严、辇官、车子院、皇城司亲从官及亲事官、上下宫皇城黄皂院子、涤除，各有指挥，记省不尽。

殿前司、步军司有虎翼军各二十指挥的兵力。虎翼水军、宣武军各有十五指挥的兵力。神勇军、广勇军各有十指挥的兵力。飞山、床子弩、雄武、广固，这些部队都听从殿前司和步军司的指挥。殿前诸司管辖宣效六军、武肃军、武和军与街道司，各军下属机构常常有百十个指挥。各处宫观宅院各有清卫、厢军和禁军的剩员共十指挥。其余工匠、修内司、八作司、广固作坊，后苑作坊、书艺局、绫锦院、文绣院、内酒坊、法酒库、牛羊司、酒醋库、仪鸾司、翰林司、喝探、武严、辇官、车子院、皇城司亲从官及亲事官、上下宫皇城黄皂院子、涤除等机构，各自都有专属指挥。回忆所及，就不一一细说。

皇太子纳妃

· 原文 ·

皇太子纳妃，卤部仪仗，宴乐仪卫。妃乘厌翟车，车上设紫色团盖，四柱维幕，四垂大带，四马驾之。

· 译文 ·

皇太子纳妃时，使用卤部仪仗，宴乐时由文仪和武卫的乐队来奏乐。太子妃乘坐厌翟车，车顶盖是紫色圆形的，车厢四柱上系有帷幕，四角垂挂玉带，以四匹马驾车。

公主出降

·原文·

公主出降，亦设仪仗、行幕、步障、水路。凡亲王公主出则有之。皆系街道司兵级数十人，各执扫具、镀金银水桶，前导洒之，名曰“水路”。用檐床数百铺设房卧，并紫衫卷脚幞头天武官抬舁。又有宫嫔数十，皆真珠钗插、吊朵、玲珑簇罗头面，红罗销金袍帔，乘马双控双搭，青盖前导，谓之“短镫”。前后用红罗销金掌扇遮簇，乘金铜檐子，覆以剪棕，朱红梁脊，上列渗金铜铸云凤花朵。檐子约高五尺许，深八尺，阔四尺许，内容六人，四维垂绣额珠帘，白藤间花。匡箱之外两壁出栏槛，皆缕金花装雕木人物神仙。出队两竿十二人，竿前后皆设绿丝绦，金鱼勾子勾定。

·译文·

公主出嫁的时候，同时设有仪仗队、行幕、步幛以及水路，即使是亲王的女儿出嫁，也享有这样的送亲规格。由街道司派出数十个士兵，每个士兵手执洒扫工具，提着镀金镀银的水桶，在仪仗队的前方洒水扫地，他们这样叫“水路”。送亲的队伍中架起数百张檐床，上面摆放着嫁妆，由身着紫衫头戴卷脚幞头的天武军官兵抬着。又有几十个宫女，全都头戴珍珠钗插、吊朵、玲珑簇罗头面，身披红罗销金的袍帔，骑着马，两两前行，互相配合。有一个撑着青色大盖伞的人走在宫女前面，为她们开道，这个撑伞的人叫“短镫”。仪仗队伍前后有很多红罗销金掌扇遮蔽簇拥，公主坐在金铜檐子（大轿子）内，顶上覆盖着修剪好的桐叶子，梁柱和檐脊涂着朱红色的漆，上面镶

嵌着洒金铸铜的云凤状花朵。檐子高约五尺，进深八尺，宽四尺多，里面可以坐六个人，四面垂挂着有绣额的珠帘子，珠帘上有

白藤及花朵的图案。檐厢的左右厢壁伸出栏杆，厢壁上面镂刻着金色的花朵，装饰有木雕人物、神仙。檐子靠两竿抬起，左右两队共十二人，竿的前后都有绿色丝带，用金鱼状的钩子固定。

皇后出乘舆

·原文·

皇太后、皇后出乘者谓之“舆”。比檐子稍增广，花样皆龙。前后檐皆剪棕。仪仗与驾出相似而少，仍无驾头警跸耳。士庶家与贵家婚嫁，亦乘檐子，只无脊上铜凤花朵。左右两军，自有假赁所在。以至从人衫帽、衣服从物俱可赁，不须借措。余命妇、王公、士庶通乘坐车子，如檐子样制，亦可容六人，前后有小勾栏，底下轴贯两挟朱轮，前出长辕约七八尺，独牛驾之，亦可假赁。

·译文·

皇太后、皇后出行乘坐的车子被称为“舆”，比檐子稍微大一些，以龙纹装饰。舆的前后檐都是修剪好的棕叶片。出行时的仪仗与帝王相同而规模稍减，且没有驾头、警跸。普通人家与富贵人家结亲，新娘也乘坐檐子，只是檐子脊上没有铜凤和花朵装饰。檐子旁的仪仗都可以租，包括仪仗里的跟班人员，穿戴的衫帽等一切应用之物，都可以租赁，无需自己购置。其他如命妇、王公、士庶都乘坐车子，车子形制类似檐子，也可容纳六人。车子前后有小栏杆，有一根轴横贯车厢底部，从两头钳住朱红色的车轮。车前伸出七八尺长的辕，可用一头牛拉车。车与牛均可租赁。

杂赁

·原文·

若凶事出殡，自上而下，凶肆各有体例。如方相、车舆、结络、彩帛，皆有定价，不须劳力。寻常出街市干事，稍似路远倦行，逐坊巷桥市，自有假赁鞍马者，不过百钱。

·译文·

如果有丧事、出殡，从高标准到低标准，可以找代办殡葬事宜和出售丧葬用品的店铺，且都已形成一定的规格。如方相、车舆、结络、彩帛，都有规定的价格，客人无须劳神。平常外出办事，如果嫌路途遥远又不想过于劳累，可在街坊里巷、桥头集市租赁鞍马，价格不超过一百文钱。

修整杂货及斋僧请道

·原文·

傥欲修整屋宇，泥补墙壁，生辰忌日，欲设斋僧尼道士，即早辰桥市街巷口皆有木、竹匠人，谓之杂货工匠，以至杂作人夫，道士僧人，罗立会聚，候人请唤，谓之“罗斋”。竹木作料，亦有铺席。砖瓦泥匠，随手即就。

·译文·

如果想要修整房屋，用泥补墙面，或者遇到生辰、忌日想请僧人、道士诵经祈福，则清晨前往桥市街巷口，那里每日都有做木竹活的匠人，称为“杂货工匠”。有干各种杂活的民夫，也有道士僧人，聚集在一起，等候雇主，这种情况称为“罗斋”。京城里有专门的店铺出售修缮房屋的材料。泥工、瓦匠则随处可以找到。

筵会假赁

原文

凡民间吉凶筵会，椅桌陈设，器皿合盘，酒檐动使之类，自有茶酒司管赁。吃食下酒，自有厨司，以至托盘、下请书，安排坐次，尊前执事，歌说劝酒，谓之“白席人”，总谓之“四司人”。欲就园馆亭寺院游赏命客之类，举意便办，亦各有地分，承揽排备，自有则例，亦不敢过越取钱。虽百十分，厅馆整肃，主人只出钱而已，不用费力。

译文

平民百姓家的红白喜事等宴会，桌椅陈设、各种器皿、盒子、杯盘、酒担等日用器物，茶酒司里一应俱全。厨司提供饭菜酒水，至于给宾客寄送请帖、安排座次、席前招呼、劝说进酒助兴的人，叫作“白席人”，这些人统称为“四司人”。若想在某个园子、馆舍、亭台楼阁、寺庙、庭院宴客游玩，找茶酒司即可。茶酒司有专人负责京城中的各个区域，承揽宴席、安排操办，均有一定规矩，不会乱来。就算是百十份的大宴席，主人也只需掏钱，不用劳神费力。

会仙酒楼

·原文·

如州东仁和店、新门里会仙楼正店，常有百十分厅馆动使，各各足备，不尚少阙一件。大抵都人风俗奢侈，度量稍宽，凡酒店中不问何人，止两人对坐饮酒，亦须用注碗一副，盘盏两副，果菜碟各五片，水菜碗三五只，即银近百两矣。虽一人独饮，碗遂亦用银盂之类。其果子菜蔬，无非精洁。若别要下酒，即使人外买软羊、龟背、大小骨、诸色包子、玉板鲊、生削巴子、瓜姜之类。

·译文·

开在州东的仁和酒家、新门里的会仙楼，店里常备一百份以上的专供堂食的餐饮器具，不许短缺一碗一碟。京城中人崇尚奢华，重排场，哪怕只有两人对坐饮酒，也必须摆上两把酒壶、托碗，盘盏两副，果、菜碟各五只，三五个菜碗，单这些器具成本就快一百两银子了。即使一人来饮酒，也会使用银质的器具，蔬果无一不精致干净。如果另需下酒菜，则会差人去外面买软羊、龟背、大小骨头、各色包子、玉板鲊、生削巴子、瓜姜等。

·原文·

大凡食店，大者谓之“分茶”，则有头羹、石髓羹、白肉、胡饼、软羊、大小骨、角炙犒腰子、石肚羹、入炉羊、罨生软羊面、桐皮面、姜泼刀、回刀、冷淘棋子、寄炉面饭之类。吃全茶，饶齑头羹。更有川饭店，则有插肉面、大燠面、大小抹肉淘、煎燠肉、杂煎事件、生熟烧饭。更有南食店，鱼兜子、桐皮熟脍面、煎鱼饭。又有瓠羹店，门前以枋木及花样沓结缚如山棚，上挂成边猪、羊，相间三二十边。近里门面窗户，皆朱绿装饰，谓之“欢门”。每店各有厅院、东西廊，称呼坐次。客坐，则一人执箸纸，遍问坐客。都人侈纵，百端呼索，或热或冷，或温或整，或绝冷、精浇、臕浇之类，人人索唤不同。

·译文·

京城里卖饮食的店铺，大的酒楼、饭店叫作“分茶”，店里都会供应头羹、石髓羹、白肉、胡饼、软羊、大小骨、角炙犒腰子、石肚羹、入炉羊、罨生软羊面、桐皮面、姜泼刀、回刀、冷淘棋子、寄炉面饭之类的食物。如果客人吃所谓的“全茶”，店家会免费奉送一份齑头羹。还有专做川菜的饭店，则有插肉面、大燠面、大小抹肉淘、煎燠肉、杂煎事件、生熟烧饭出售。另外还有专门做南方风味的餐饮店，供应鱼兜子、桐皮熟脍面、煎鱼饭。又有瓠羹店，门前用枋木以及各种花样层叠绑扎成棚架，棚架上挂着杀好的成片的猪和羊，猪羊间隔挂着，有二三十边。临街一面的窗户装饰着彩帛，这样的窗户称为“欢门”。每家羹店都有厅堂、庭院、东西走廊，以放置招呼安顿客人的座位。待客人落座，就有一个堂倌递上食具、菜单，

食店

行菜得之，近局次立，从头唱念，报与局内。当局者谓之“铛头”，又曰“着案”。讫，须臾，行菜者左手杈三碗、右臂自手至肩驮叠约二十碗，散下尽合各人呼索，不容差错。一有差错，坐客白之主人，必加叱骂，或罚工价，甚者逐之。吾辈入店，则用一等琉璃浅棱碗，谓之“碧碗”，亦谓之“造羹”，菜蔬精细，谓之“造齑”，每碗十文。面与肉相停，谓之“合羹”。又有“单羹”，乃半个也。旧只用匙，今皆用箸矣。更有插肉、拨刀、炒羊、细物料棋子、

逐一询问客人需要吃些什么。京城里的人奢侈放纵，百般呼叫索要，有要热菜的，有要凉菜的，还有要温的菜肴的，有些人要整桌菜，还有些人则要冰冻的菜肴，有的要精瘦肉的盖浇，有些人却要肥肉的盖浇，每个客人要的各不相同。堂倌记下不同客人所要的菜肴后，站到厨房的边上，从头到尾向厨房内念唱菜名，报给厨房内工作的厨师。厨房里掌勺的师傅称作“铛头”，又叫“着案”。他听完报单，便动手炒菜。不一会儿，堂倌的左手叉着三只碗，右臂从手掌到肩层叠了近二十个碗，逐一按各个客人点的菜名分发，且不允许送错。一旦发生差错，

馄饨店。及有素分茶，如寺院斋食也。又有菜面、胡蝶齑疙瘩，及卖随饭、荷包白饭、旋切细料馉饳儿、瓜齑、萝卜之类。

客人向店主投诉，那么店主必定会责骂堂倌，甚至扣罚工钱，严重的还会辞退堂倌。我们这种人进到店里，店家给我们用的是一等琉璃浅棱碗，叫作“碧碗”，也叫“造羹”，菜肴做得精细，叫“造齑”，每碗十文钱。还有一种叫作“合羹”的肉面，里面肉和面条各半。又有半份的“合羹”，称为“单羹”。以前人们吃饭时只用汤匙，现在全都改用筷子了。还有卖插肉、拨刀、炒羊、细物料棋子和馄饨的店家。此外还有专做素食的店铺，卖的素食和寺庙里的斋食不相上下，还供应菜面、胡蝶齑疙瘩、随饭、荷包白饭、现切细料馉饳儿、瓜齑、萝卜等食品。

肉行

·原文·

坊巷桥市，皆有肉案，列三五人操刀，生熟肉从便索唤，阔切、片批、细抹、顿刀之类。至晚即有燠爆熟食上市。凡买物不上数钱得者是数。

·译文·

京城里街坊里巷、桥头闹市，到处都有卖肉的案子，案前一行三五个人站着，执刀卖肉，生肉、熟肉任人挑选，将肉阔切、片批、细抹、顿刀等等都行。到了傍晚，肉店里就有燠爆过的熟肉上市。顾客凡是买肉不足一定的钱数，还要求店家给点儿添头，店家也是肯给的。

饼店

·原文·

凡饼店有油饼店，有胡饼店。若油饼店，即卖蒸饼、糖饼，装合、引盘之类。胡饼店即卖门油、菊花、宽焦、侧厚、油碢、髓饼、新样、满麻。每案用三、五人捍剂卓花入炉。自五更卓案之声远近相闻。唯武成王庙前海州张家、皇建院前郑家最盛，每家有五十余炉。

·译文·

京城里的饼店有两种：油饼店和胡饼店。油饼店就卖馒头、带糖馅的饼，装盒或装盘里卖。胡饼店则通常卖门油、菊花、宽焦、侧厚、油碢、髓饼、新样、满麻等各式点心。饼店里，通常是三五个人围着一张桌案，擀面、切分、捏花边、烘烤饼，各司其职。每天五更饼店里桌案旁干活忙碌的声音远近都能听到。生意最兴隆的要算武成王庙前海州张家饼店和皇建院前的郑家饼店，这两家各有五十多个烘饼的炉子。

·原文·

卖生鱼则用浅抱桶，以柳叶间串，清水中浸，或循街出卖，每日早惟新郑门、西水门、万胜门，如此生鱼有数千檐入门。冬月即黄河诸远处客鱼来，谓之“车鱼”，每斤不上一百文。

·译文·

卖活鱼的将鱼养在浅抱桶里，将鱼用柳树枝叶间隔串起，桶里装了清水浸养，鱼贩子有时沿街叫卖。每天清晨，单是新郑门、西水门、万胜门，像这样运进城里的鱼就有好几千担。到了冬天，就有从黄河等远处运来卖的鱼，这类鱼叫“车鱼”，每斤价格不到一百文钱。

鱼行

卷伍

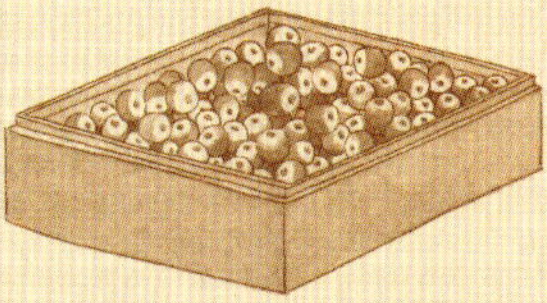

民俗

· 原文 ·

凡百所卖饮食之人，装鲜净盘合器皿，车檐动使，奇巧可爱，食味和羹，不敢草略。其卖药、卖卦，皆具冠带。至于乞丐者，亦有规格。稍似懈怠，众所不容。其士、农、工、商诸行百户衣装各有本色，不敢越外。谓如香铺裹香人，即顶帽披背，质库掌事，即着皂衫角

· 译文 ·

京城中的餐饮店都备有鲜亮干净的餐盒器皿，车、担子上也都是些讨人喜欢的器具，菜肴羹汤更是不敢马虎草率。卖药卖卦的人也戴帽束带。至于街边的乞讨者，他们也有自己的行规，无论是谁言行稍有出格，便会为其他人所不容。而士人、农民、商贾，

带、不顶帽之类。街市行人，便认得是何色目。加之人情高谊，若见外方人为都人凌欺，众必救护之。或见军铺收领到斗争公事，横身劝救，有陪酒食檐官方救之者，亦无惮也。或有从外新来邻左居住，则相借措动使，献遗汤茶，指引买卖之类。更有提茶瓶之人，每日邻里互相支茶，相问动静。凡百吉凶之家，人皆盈门。其正酒店户，见脚店三、两次打酒，便敢借与三、五百两银器。以至贫下人家就店呼酒，亦用银器供送。有连夜饮者，次日取之。诸妓馆只就店呼酒而已，银

各行各业及店家，他们的衣着都必须符合本行业的规矩，不可逾矩。例如香铺中的裹香人，要戴顶帽、围披背；当铺中的掌事，则穿着黑色短袖单衣、腰束着角带，但不戴帽子。街上的行人通过着装就能辨别对方的身份。京城人还特别重情谊。如果京城人欺负外乡人，众人必维护外乡人。有人遇到巡街军人拘捕打架斗殴之人，也会上前劝阻，甚至会请军人吃饭，承受官方压力也要救助他人。如果有外乡人搬来京城居住，左邻右舍会给他们送去日用品、茶水，告诉外乡人周围买卖东西的处所等。更有一些提着茶瓶的人，他们经常在邻里间走动串门送热茶，相互交流各自的情况。

器供送，亦复如是。其阔略大量，天下无之也。以其人烟浩穰，添十数万众不加多，减之不觉少。所谓花阵酒池，香山药海。别有幽坊小巷，燕馆歌楼，举之万数，不欲繁碎。

有红白喜事的人家里都宾客盈门。大酒店的掌柜都敢借价值三五百两的银器给仅仅来店里打过三两次酒的卖零酒的脚店，连一些贫困人家来店里要求送酒到家里去，大酒店也会用银器装酒送去。而一些通宵饮酒的，则到第二天才去把银器取回。各家妓馆来酒店要求送酒，也照样用银器装酒送去。京城之人豪气友善，在全国是很罕见的，这里人多地广，即使再增加十万民众也不觉多，减少十万民众亦不觉少。这就是所谓的花阵酒池，香山药海。而京城中也有一些雅致幽静的小巷子，宴馆歌楼到处都有，此处就不一一介绍了。

京瓦伎艺

·原文·

崇、观以来，在京瓦肆伎艺，张延叟《孟子书》。主张小唱李师师、徐婆惜、封宜奴、孙三四等，诚其角者。嘌唱弟子张七七、王京奴、左小四、安娘、毛团等。教坊减罢并温习张翠盖、张成，弟子薛子大、薛子小、俏枝儿、杨总惜、周寿奴、称心等般杂剧。杖头傀儡任小三，每日五更头回小杂剧，差晚看不及矣。悬丝傀儡张金线。李外宁，药发傀儡。张臻妙、温奴哥、真个强、没勃脐、小掉刀，筋骨上索杂手伎。浑身眼、李宗正、张哥球杖踢弄。孙宽、孙十五、曾无党、高恕、李孝详讲史。李慥、

·译文·

崇宁、大观以来，京城瓦子勾栏里的艺人很多，名声卓著的有张延叟，他的代表作是说唱《孟子书》。小唱的表演家有李师师、徐婆惜、封宜奴、孙三四等人，她们确实称得上是名角。嘌唱弟子中张七七、王京奴、左小四、安娘、毛团这几个人最为出名。教坊裁减后仍坚持练习的张翠盖、张成及其弟子薛子大、薛子小、俏枝儿、杨总惜、周寿奴、称心等人，表演杂剧非常到位。表演杖头傀儡最出名的要数任小三。每日的五更天最早的一出小杂剧便开演了，去晚了就会错过这场演出。悬丝傀儡中张金线最厉害，李外宁最善于表演药发傀儡。在身上捆着绳索的情况下做杂手伎表演的名演员有张臻妙、温奴哥、真个强、没勃脐、小掉刀等人。表演球杖

杨中立、张十一、徐明、赵世亨、贾九小说。王颜喜、盖中宝、刘名广散乐。张真奴舞旋。杨望京小儿相扑、杂剧。掉刀、蛮牌董十五、赵七、曹保义、朱婆儿、没困驼、风僧哥。俎六姐影戏。丁仪、瘦吉等弄乔影戏。刘百禽弄虫蚁。孔三传耍秀才诸宫调。毛详、霍百丑商谜。吴八儿合笙。张山人说诨话。刘乔、河北子、帛遂、胡牛儿、达眼五、

踢弄的有浑身眼、李宗正、张哥。专门讲史书的是孙宽、孙十五、曾无党、高恕、李孝详。李慥、杨中立、张十一、徐明、赵世亨、贾九擅长讲小说。王颜喜、盖中宝、刘名广表演散乐最为拿手。张真奴舞旋最妙。杨望京擅长演小儿相扑、杂剧。表演舞掉刀、耍蛮牌的好手有董十五、赵七、曹保

重明乔、骆驼儿、李敦等杂班外入。孙三神鬼。霍四究说《三分》。尹常卖《五代史》。文八娘叫果子。其余不可胜数。不以风雨寒暑，诸棚看人，日日如是。教坊、钧容直，每遇旬休按乐，亦许人观看。每遇内宴，前一月，教坊内勾集弟子小儿习队舞作乐，杂剧节次。

义、朱婆儿、没困驼、风僧哥。俎六姐专演影戏。丁仪、瘦吉等人是乔影戏的高手。刘百禽最擅长调弄各种飞禽走兽。孔三传在饰演秀才、唱诸宫调方面最拿手。毛详和霍百丑擅长商谜。吴八儿擅长合笙。张山人专说诨话。刘乔、河北子、帛遂、胡牛儿、达眼五、重明乔、骆驼儿、李敦等人都是杂班出身。孙三善扮神鬼。霍四究专门说唱《三分》，尹常卖则说唱《五代史》。文八娘以表演叫果子闻名。还有很多艺人，不可胜数。不论是刮风下雨、阴晴寒暑，瓦子里各个看棚都是座无虚席的，每日如此。教坊、钧容直每逢旬休日会有击鼓演出，也容许百姓观看。每逢宫内举行宴会，宴会前的一个月里，教坊就会召集学徒、小儿们排练队舞、奏乐，杂剧也按节目次序排练。

娶妇

·原文·

凡娶媳妇，先起草帖子，两家允许，然后起细帖子，序三代名讳，议亲人有服亲田产官职之类。次檐许口酒，以络盛酒瓶，装以大花八朵、罗绢生色或银胜八枚，又以花红缴檐上，谓之“缴檐红”，与女家。女家以淡水二瓶，活鱼三五个，箸一双，悉送在元酒瓶内，谓之“回鱼箸”。或下小定、大定，或相媳妇与不相。若相媳妇，即男家亲人或婆往女家，看中即以钗子插冠中，谓之“插钗子”；或不入意，即留一两端彩段与之压惊，则此亲不谐矣。其媒人有数等，上等戴盖头，

·译文·

凡是娶媳妇的人家，先要写好草帖子，送到女方家里，待男女两家同意，再由男方准备细帖子，细帖子里按次序写好曾祖、祖、父辈的名讳，以及男方的近亲、田地、财产、官衔等情况。然后男方要派人挑着许口酒，送到女方家里。许口酒要用酒瓶装好，酒瓶外面用丝绳编织的网兜包裹，网兜上装饰大花八朵、颜色鲜艳的罗绢或是八枚银胜，又用红绸缠绕在酒担上，称为“缴檐红”。女方用两个水瓶、三五条活鱼、一双筷子，全都放在男方送来的酒瓶内，这种回礼叫“回鱼筷”。这之后，男方给女方下小定，或大定，或去女方家看一下或不去。如果男方家想去女方家相媳妇，就会派男子的近亲或男子的母亲到女方家里，相亲后满意的话，就会将一枚钗子插入一个女冠中，叫作“插钗子”。如果男方不满意，就留下一两匹彩缎，给女孩压惊，表示提亲就此结束。

着紫背子，说官亲宫院恩泽；中等戴冠子，黄包髻、背子，或只系裙，手把青凉伞儿，皆两人同行。下定了，即旦望媒人传语。遇节序，即以节物头面羊酒之类追女家，随家丰俭。女家多回巧作之类。次下财礼，次报成结日子，次过大礼，先一日或是日早，下催妆冠帔花粉，女家回公裳、花幞头之类。前一日女家先来挂帐，铺设房卧，谓之“铺房”。女家亲人有茶酒利市之类。至迎娶日，儿家以车子或花檐子发迎客，引至女家门。

媒人分为好几等，上等媒人头戴盖头，身穿紫色背子，专门说合大小官员、皇亲国戚之间的亲事；中等媒人戴着冠子，用黄色的头巾包头，身穿背子或裙子，手拿一把青色遮阳伞，总是两人结伴同行。男方给女方下了聘礼后，即由媒人初一或十五在两家之间来回传话。每逢各种节日，男方就要给女方送去衣饰、羊肉以及酒类等礼品，礼品的丰俭随男方的财力而定，女方回礼则以女红为主。然后男方就要下彩礼了，之后男方便可以提出结婚日期，双方商定后，便举行婚礼。在婚礼前一天或当天清早，男方送来冠帔、头饰、化妆品并“催妆”，女方回送礼服、花幞头之类的东西。婚礼前一天，女方派人先来挂好帐帷，铺设卧房，这叫“铺房”。男方会用茶酒、喜钱之类的东西招待女方来人。等到迎娶新人的日子，男方用车子或花装饰好的轿子出发迎接客人，男方女家管待迎客，与之彩段，作乐催妆上车檐，从人未肯起，炒咬利市，谓之“起檐子”。与了然后行。迎客先回至儿家门，从人及儿家人乞觅利市钱物花红等，谓之“拦门”。新妇下车子，有阴阳人执斗，内盛谷豆钱果草节等，呪祝望门而撒，小儿辈争拾之，谓之“撒谷豆”，俗云厌青羊等杀神也。新人下车檐，踏青布条或毡席，不得踏地。一人捧镜倒行，引新人跨鞍蓦草及秤上过，入门于一室内，当中悬帐，谓之“坐虚帐”；或只径入房中坐于床上，亦谓之“坐富贵”。其送女客，急三盏而退，谓之“走送”。众客就筵三杯之后，婿具公裳，花胜簇

派出的迎客要到女方的家门口等待。女方款待迎客，并送彩缎给他们，然后迎客奏乐，催新娘梳妆上轿子，但是随从之人不肯起程，故意吵闹要女方给喜钱，人们把这叫“起檐子”。喜钱给了之后，众人就起程了，男方派来的迎客要先赶回男方家门前，随行之人及男方家人在女方那里索要利市、钱物、花红的行为称为“拦门”。新娘子在男方家门口下轿子时，有风水先生捧一个斗子，斗子里装的是谷豆、钱果、草节等物品，一边祝祷，一边从斗子里抓起豆、谷等往门口撒去，小孩们蜂拥而上，抢拾这些撒出的东西，这个仪式称为“撒谷豆”，当时风俗认为撒谷、豆可以压住青羊等煞神。新娘下了轿子之后，只能在铺好的青布条或毡席上走，不可以踏到裸

露的地面上。前面一个人捧着铜镜面向新娘，倒退着行走，引导新娘依次跨过马鞍、干草和秤。新娘进门之后被带到一个房间，房间当中悬挂帐帷，新娘坐于其中，叫“坐虚帐”；也有的径直带入洞房，坐在床上，这叫“坐富贵”。那些送新娘的来客，急饮三杯酒，退出房间，叫“走送”。待所有来贺的客人就座饮酒三杯之后，新郎就穿好礼服，用花胜遮蔽面部，在厅堂中央摆一张榻，榻上放一把椅子，叫作“高坐”。先媒婆过来请，接着由一位姨妈或舅妈来请，并各给他倒一杯酒让他喝下，最后丈母娘出场，新郎才坐下。在新房的门额上，众人用一段彩缎，把它的下部剪出许多口子，横转过来挂在门楣上，等新郎入房后，众人就争着扯下一小片而

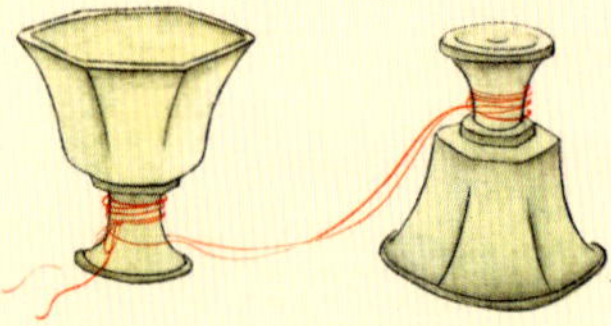

面，于中堂升一榻，上置椅子，谓之“高坐”。先媒氏请，次姨氏或妗氏请，各斟一杯饮之；次丈母请，方下坐。新人门额，用彩一段，碎裂其下，横抹挂之，婿入房，即众争撦小片而去，谓之“利市缴门红”。婿于床前请新妇出，二家各出彩段，绾一同心，谓之“牵巾”，

去，这叫“利市缴门红”。新郎到床前请新娘出来，两家人就各拿出一块彩缎，绾成“同心结”，这叫“牵巾”。新郎将同心结的一边搭在笏板上，新娘则将同心结的另一边搭在自己手上，新郎倒退走出新房，与新娘脸对着脸，他们走到家庙前参拜祖先后，新娘又倒退着走，由人扶回新房行拜见礼，男女双方都抢着先拜对方。对拜完毕，两人坐于床上，新娘脸向左，新郎脸向右。围观的妇女们将钱、彩果等在帐帷中四下抛掷，这叫“撒帐”。新郎左侧、新娘右侧各剪下少许头发，将剪下的头发放到一起，两家人分别拿出整匹的绸缎、钗子、梳子、头须等物品放到一起，这叫“合髻”。然后拿出两个用彩缎连接起的酒杯，新人各饮一杯，叫“交杯酒”。饮完之后，就把酒杯和花冠都扔到床底，如果酒杯在床底下呈一仰一合，那就被视为大吉之兆，众人就会前来贺

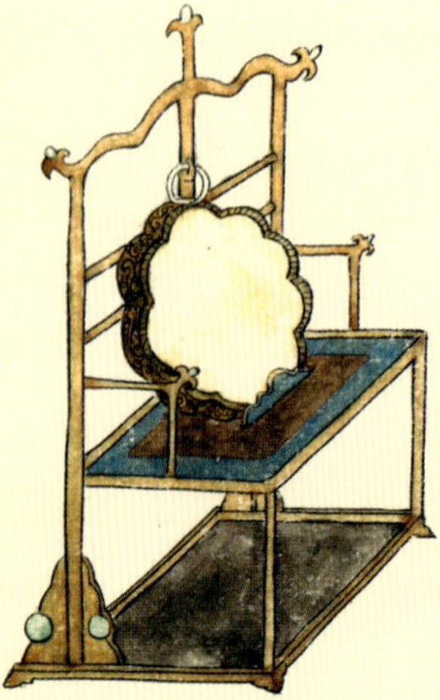

男挂于笏，妇搭于手，男倒行出，面皆相向，至家庙前参拜毕，女复倒行，扶入房讲拜，男女各争先后，对拜毕，就床，女向左，男向右坐。妇女以金钱彩果散掷，谓之“撒帐”。男左女右，留少头发，二家出匹段、钗子、木梳、头须之类，谓之“合髻”。然后用两盏以彩结连之，互饮一盏，谓之“交杯酒”。饮讫，掷盏并花冠子于床下，盏一仰一合，俗云“大吉”，则众喜贺。然后掩帐讫，宫

喜。进行到这里就可以掩上帐帷，如果新娘是皇亲国戚，那么随从就会马上将新郎抱着走出房间；如果新娘是皇宫以下的各等人家，那么新郎、新娘就自行出房，向厅堂里的亲戚长辈答谢，答谢后客人们仍归座喝酒。宴席散去。第二天五更时，摆出一张桌子，桌上放镜台与镜子，新娘在桌前行跪拜礼，这叫“新妇拜堂”。然后新娘拜见长辈和各个亲戚，分别向他们敬献礼物，通常是彩缎、手制工艺品、鞋、枕头之类的物品，这叫“赏贺”。长辈们则另用一匹彩缎回赠，这叫“答贺”。新女婿要去新娘家参拜岳父、岳母，这叫“拜门”。新郎家若能很快将礼品备齐，那么新郎在结婚的次日就会去“拜门”，

院中即亲随人抱女婿去，已下人家即行出房，参谢诸亲，复就坐饮酒。散后。次日五更，用一卓，盛镜台镜子于其上，望上展拜，谓之“新妇拜堂”。次拜尊长亲戚，各有彩段、巧作、鞋、枕等为献，谓之“赏贺”。尊长则复换一匹回之，谓之“答贺”。婿往参妇家，谓之“拜门”。有力能趣办，次日即往，谓之“复面拜门”，不然，三日、七日皆可，赏贺亦如女家之礼。酒散，女家具鼓吹从物，迎婿还家三日，女家送彩缎油蜜蒸饼，谓之“蜜和油蒸饼”。其女家来作会，谓之“煖女”。七日则取女归，盛送彩段头面与之，谓之“洗头”。一月则大会相庆，谓之“满月”。自此以后，礼数简矣。

这叫“复面拜门”。如果次日不能前去，则通常在第三日、第七日拜门。在拜门时，新郎也要像新娘在夫家给长辈们赏贺那样，给岳父母和长辈赏贺。在岳父母家宴席完毕，岳父母也备好鼓乐和礼物送新女婿回家。迎婿回家后第三天，女方家会送来彩缎和油蜜蒸饼，叫“蜜和油蒸饼”。女方还会有人到男方家来聚会，这叫“煖女”。第七天，女方会派人接新人回娘家，同时送给新娘丰盛的彩缎和各种首饰，这叫“洗头”。婚后一个月，两家聚会庆祝，这叫“满月”。在这之后，两家来往的礼数就从简了。

·原文·

凡孕妇入月，于初一日父母家以银盆，或镀或彩画盆，盛粟秆一束，上以锦绣或生色帕複盖之，上插花朵及通草帖罗五男二女花样，用盘、合装送馒头，谓之“分痛”。并作眠羊、卧鹿羊生、果实，取其眠卧之义。并牙儿衣物绷籍等，谓之“催生”。就蓐分娩讫，人争送粟米炭醋之类。三日落脐炙囟。七日谓之“一腊”。至满月则生色及绷绣线，贵富家金银犀玉为之，并果子，大展洗儿会，亲宾盛集。煎香汤于盆中，下果子、彩钱、葱、蒜等，用数丈彩绕之，名曰“围盆”。以钗子搅水，谓之“搅盆”。观者各撒钱于水中，谓之“添盆”。盆中枣子直立者，妇人争取食之，

·译文·

凡是孕妇怀孕满月的第一个初一，她的父母会用银盆、镀或饰以图案的盆子放一小束稻谷的秸秆，用丝绸或色彩鲜艳的头巾盖在上面，丝巾上放着花朵和通草，粘贴五男二女的图案以示多子多福，用盘、盒装馒头，送给孕妇，叫“分痛”。并用面制作睡着的羊、躺卧的鹿及各种糕点，取其眠卧之义。连同婴儿的衣物、包被等一起送去，这叫“催生”。等到分娩之后，亲朋好友争相送来粟米、炭、醋等物品。婴儿出生后三日要脱脐和灸颅囟。出生后第七日，叫“一腊”。婴儿满月时，则以色彩鲜艳的丝线来缝制绣线，有钱人家会用金、银、犀牛角、玉等贵重之物来缝制绣线，连同各色果子点心，大办“洗儿会”，亲戚朋

育子

以为生男之征。浴儿毕，落胎发，遍谢坐客，抱牙儿入他人房，谓之“移窠”。生子百日置会，谓之“百晬”。至来岁生日，谓之“周晬”，罗列盘盏于地，盛果木、饮食、官诰、笔研、筭秤等，经卷、针线、应用之物，观其所先拈者以为征兆，谓之“试晬”。此小儿之盛礼也。

友都会过来。将煎好的香料汤水倒入盆中，还要加入各种干果、各色钱币、葱、蒜等物，以数丈彩线贴绕在盆上，叫作“围盆”。用钗子搅动盆里的水，这叫“搅盆”。旁观者纷纷掷钱币入水中，叫作“添盆”。如果盆中的枣子有直立浮在水面上的，妇女们便会争相取食，以示生子征兆。婴儿沐浴后剃去胎发，他的父母向所有宾客致谢，再抱着婴儿到另一个房间，叫“移窠”。婴儿出生后的百日，父母还要为他举办百日宴，叫“百晬”。等到满周岁那天，叫“周晬”。父母要在地上摆上盘、碗、酒杯等器，盛放水果、食品、朝廷委任状、纸、砚、笔、算盘、书籍、针线等日常用品，以小孩先取何物为征兆，判断日后的志向，叫“试晬”。周岁庆祝仪式是婴儿成长中的一件大事。

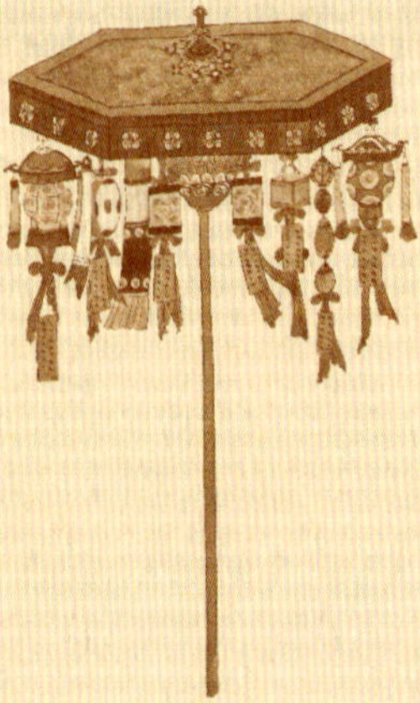

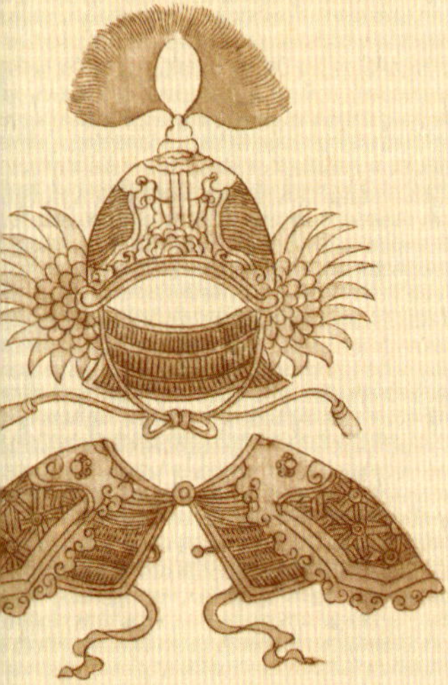

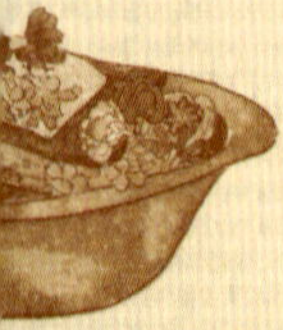

卷陆

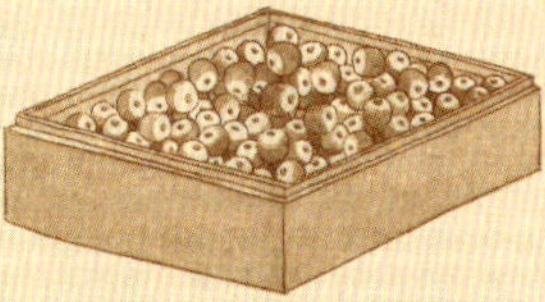

正月

·原文·

正月一日年节，开封府放关扑三日。士庶自早互相庆贺，坊巷以食物、动使、果实、柴炭之类，歌叫关扑。如马行、潘楼街、州东宋门外、州西梁门外踊路、州北封丘门外及州南一带，皆结彩棚，铺陈冠梳、珠翠、头面、衣着、花朵、领抹、靴鞋、玩好之类，间列舞场歌馆，车马交驰。向晚，贵家妇女纵赏关赌，入场观看，入市店馆宴，惯习成风，不相笑讶。至寒食冬至三日亦如此。小民虽贫者，亦须新洁衣服，把酒相酬尔。

·译文·

农历正月初一是新春年节，开封府破例连续三天开放“关扑”这种赌博游戏。士大夫、百姓一大早就见面相互拜年，街头巷尾到处是玩关扑的，人们拿食品、生活器具、干果、柴草、木炭当赌注，歌唱叫喊，引人前来博戏。在马行街、潘楼街、州东宋门外、州西梁门外甬道、州北封丘门外及州南一带都扎起彩棚，彩棚下面尽是摆摊的，卖的有帽子、梳子、珠翠饰物、头饰、衣裳、手工花朵、领巾、额抹、靴鞋、奇珍异宝之类。间或有几家歌舞场馆，路上车来人往，络绎不绝。傍晚时分，富贵人家的妇女也都出来游玩，或看赌博，或看歌舞，或到街市店铺吃喝。人们对此习以为常，不会惊讶讪笑。到寒食节、冬至节，连续三天也是这样。城里百姓即使家中贫穷的也会穿上一身新的、洁净的衣裳，置酒待客，互相庆贺。

元旦朝会

·原文·

正旦大朝会，车驾坐大庆殿，有介胄长大人四人立于殿角，谓之“镇殿将军”。诸国使人入贺。殿庭列法驾仪仗，百官皆冠冕朝服，诸路举人、解首亦士服立班，其服二梁冠、白袍青缘。诸州进奏吏，各执方物入献。诸国使人，大辽大使顶金冠，后檐尖长，如大莲叶，服紫窄袍，金蹀躞；副使展裹金带，如汉服。大使拜则立左足，跪右足，以两手着右肩为一拜。副使拜如汉仪。夏国使副，皆金冠，短小样制，服绯窄袍、金蹀躞、吊敦，皆叉手展拜。高丽与南番交州使人并如汉仪。回纥皆长髯高鼻，以匹帛缠头，散披

·译文·

新年正月初一，皇帝驾临大庆殿，举行朝会大典，殿的四角各站一个披甲戴盔、高大伟岸的武士，称为“镇殿将军”。典礼开始，各国使节入殿拜贺，宫中排列法驾仪仗，文武百官全部头戴冠冕，身着朝服。全国各地的举人、解元身着镶有青边的白袍依次站立，头戴二梁冠。各州驻京的进奏吏，各拿本地贡品进献。随后，各国使臣逐一觐见。大辽使臣头戴金冠，金冠后沿又尖又长，就像一片大莲叶，身着紫色窄袍，系着有装饰物的金腰带；副使身着紫色官服，束金腰带，

其服。于阗皆小金花毡笠，金丝战袍束带，并妻男同来，乘骆驼，毡兜铜铎入贡。三佛齐皆瘦脊缠头、绯衣上织成佛面。又有南蛮五姓番，皆椎髻乌毡，并如僧人礼拜。入见，旋赐汉装锦袄之类。更有真腊、大理、大食等国，有时来朝贡。其大辽使人在都亭驿，夏国在都亭西驿，高丽在梁门外安州巷同文馆，回纥、于阗在礼宾院，诸番国在瞻云馆或

形似汉人服饰。辽国行使节礼时右足下跪，左足站立，以双手抱拳碰右肩为拜；副使参拜礼数同汉人礼节一样。西夏国的使节与副使都头戴短小样式的金冠，身着红色窄袍，系金腰带，下身着袜裤，皆双手交叉在胸前向天子行跪拜礼。高丽国与南番交州的礼节同汉人的礼节相同。回纥使臣都是高鼻梁、长胡子，整匹的帛缠绕在头上，包裹住头发，衣衫随意地披着。于阗国的使者戴着小金花毡斗笠，身着金丝战袍，束着腰带，偕同妻儿，骑着骆驼，载着贡品前来入贡。三佛齐国的使者都矮小消瘦且头缠布帛，红色的衣服上织有佛像。还有五姓番王的南蛮使臣的头发梳成锥形，头戴乌毡帽，所行之礼同僧人拜佛。这些使臣拜见天子后，天子随即赏赐汉服、锦袄等衣物。真腊、大理、大食等国有时也遣使臣前来朝贺。辽国使臣被安置在都亭驿，夏国使臣被安置在都亭

怀远驿。唯大辽、高丽就馆赐宴。大辽使人朝见讫，翌日诣大相国寺烧香。次日，诣南御苑射弓，朝廷旋选能射武臣伴射，就彼赐宴，三节人皆与焉。先列招箭班十余于垛子前。使人多用弩子射，一裹无脚小幞头子、锦袄子辽人，踏开弩子，舞旋搭箭，过与使人，彼窥得端正，

西驿，高丽国使臣被安置在梁门外安州巷同文馆，回纥、于阗使臣被安置在礼宾院，其他各国使臣被安置在瞻云馆或怀远驿。仅有辽国、高丽使节在馆驿中赐宴。朝会次日（即朝会后的第一天），大辽使臣前往大相国寺烧香。朝会后的第二天，到南御苑射箭。朝廷选派善射的武臣伴射，并在南御苑设宴，辽国使臣的随行人员一同前去。南御苑的箭垛子前分列十多个招箭班军士。辽国使臣大多用弩弓射箭。由一位头戴无脚小幞头、身穿锦袄的辽国人踏开弩弓，打开弩弓上的机关、把箭装上，再递给使臣。那辽国人已将弩弓瞄准，使臣只需拨弄弩弓牙机即可。按惯例，伴射射中箭靶，即赏赐闹装、银鞍马、衣着、金银器物等。如果伴射取胜，在回宫的路上会受到京城年轻人的夹道欢

止令使人发牙。例本朝伴射用弓箭，中的则赐闹装、银鞍马、衣着、金银器物有差。伴射得捷，京师市井儿遮路争献口号，观者如堵。翌日，人使朝辞。朝退，内前灯山已上彩，其速如神。

迎，争相庆贺。次日，各国使节入朝辞行。一退朝，皇宫前的灯山上已张灯结彩，速度之快，如有神助！

立春

·原文·

立春前一日，开封府进春牛入禁中鞭春。开封、祥符两县，置春牛于府前。至日绝早，府僚打春，如方州仪。府前左右，百姓卖小春牛，往往花装栏坐，上列百戏人物，春幡雪柳，各相献遗。春日，宰、执、亲王、百官，皆赐金银幡胜。入贺讫，戴归私第。

·译文·

立春前一天，开封府会进献春牛到宫中供鞭春之用。开封县和祥符县则将春牛放在县衙门前。立春那天非常早的时候，县里的官员们就都来打春了，跟州郡长官的仪规一样。县衙附近的百姓有卖小春牛的，他们给小春牛穿上彩色衣装，放在围有栏杆的底座上，上面还排列有百戏里的人物画像。城中百姓还会做些春幡和雪柳相互赠送。立春这天，宰相、执政以及亲王、百官要到宫里向皇帝进行立春日的拜贺，皇帝会赏赐各种金箔或银箔做的幡胜。拜贺仪式结束后，百官们戴着皇帝赐的幡胜，回到各自家中。

元宵

·原文·

正月十五日元宵，大内前自岁前冬至后，开封府绞缚山棚，立木正对宣德楼。游人已集御街，两廊下奇术异能，歌舞百戏，鳞鳞相切，乐声嘈杂十余里，击丸蹴踘，踏索上竿。赵野人倒吃冷淘。张九哥吞铁剑。李外宁药法傀儡。小健儿吐五色水，旋

·译文·

正月十五是元宵节。开封府自腊月的冬至就开始在皇宫前搭建山棚，竖立的大木桩恰好正对着宣德楼。游人蜂拥聚集到御街。御街两侧走廊下到处都是表演奇特技艺的人，歌舞百戏一场接着一场，欢歌笑语，喧闹声传遍附近十余里。有的表演击丸、蹴鞠，有的表演踏索、上竿。赵野人表演倒吃凉粉之类的冷食。张九哥口吞铁

烧泥丸子。大特落灰药。榾柮儿杂剧。温大头、小曹嵇琴。党千箫管。孙四烧炼药方、王十二作剧术。邹遇、田地广杂扮。苏述、孟宣筑球。尹常卖《五代史》。刘百禽虫蚁。杨文秀鼓笛。更有猴呈百戏，鱼跳刀门，使唤蜂蝶，追呼蝼蚁。其余卖药、卖卦、沙书地谜，奇巧百端，日新耳目。至正月七日，人使朝辞出门，灯山上彩，金碧相射，锦绣交辉。面北悉以彩结山沓，上皆画神仙故事。或坊市卖药、卖卦之人，横列三门，各有彩结，

·

剑，李外宁的药法傀儡，小健儿口吐五色水、旋烧泥丸子，大特落的灰药，榾柮儿的杂剧，温大头、小曹的嵇琴，党千吹箫管，孙四烧炼药方，王十二作剧术，邹遇、田地广的杂扮，苏述、孟宣的筑球，尹常卖《五代史》，刘百禽训练的虫蚁，杨文秀的鼓笛。还有猴呈百戏，鱼跳刀门，使唤蜂蝶，追呼蝼蚁等。其他如卖药、算卦、沙书地谜等各种奇妙的演出，无一重复。到了正月初七，各国使臣入朝辞拜天子后出宫门，皇宫前的灯山已张灯结彩，金碧辉煌，无与伦比。灯山朝北的那一边，扎满了层层叠叠的彩带，上面画满了神仙故事。平日在街坊中卖药、算卦的那些人，在

金书大牌，中曰“都门道”，左右曰“左右禁卫之门”，上有大牌曰“宣和与民同乐”。彩山左右，以彩结文殊、普贤，跨狮子、白象，各于手指出水五道，其手摇动。用辘轳绞水上灯山尖高处，用木柜贮之，逐时放下，如瀑布状。又于左右门上各以草把缚成戏龙之状，用青幕遮笼，草上密

山棚前扎起三座彩门，每座彩门都张灯结彩，并在彩门上挂着金泥书写的大牌匾，中间那道门上的牌匾上写着“都门道”，左右两道门被称为“左右禁卫之门”，上面的牌匾上写着“宣和与民同乐”。彩山的左右两旁，用彩带装饰文殊、普贤菩萨，他们分别骑在狮子和大象上，从各自手指流出五道水柱，使手摆动。用轱辘将水运到灯山最高处，将水装入木柜，到一定的时间放水，水

置灯烛数万盏，望之蜿蜒如双龙飞走。自灯山至宣德门楼横大街，约百余丈，用棘刺围绕，谓之“棘盆”。内设两长竿，高数十丈，以缯彩结束，纸糊百戏人物，悬于竿上，风动宛若飞仙。内设乐棚，差衙前乐人作乐杂戏，并左右军百戏，在其中驾坐一时呈拽。宣德楼上皆垂黄缘帘，中一位乃御座。

状如瀑布。又在左右两门上饰以草扎的游龙，以青幕布遮盖，草龙上密密麻麻地装上数万盏灯烛，远远望去好像飞龙蜿蜒。从灯山到宣德楼横街的距离不过一百多丈，被棘刺包围，叫作“棘盆”，里面立着两根数十丈高的长竿，各自系着彩带，彩带上装饰着百戏人物，风轻轻一吹，宛若飞仙。棘盆内搭了乐棚，官府中的乐工在此奏乐、演杂戏，左右军百戏一同安排于此。其中皇帝的宝座一定要妥帖安排。宣德楼上挂着镶有黄边的垂帘，中间那个位子就是御座。环绕御座用

宣和与民同乐
都门道
左禁卫之门

·原文·

用黄罗设一彩棚，御龙直执黄盖掌扇，列于帘外。两朵楼各挂灯球一枚，约方圆丈余，内燃椽烛。帘内亦作乐。宫嫔嬉笑之声，下闻于外。楼下用枋木垒成露台一所，彩结栏槛，两边皆禁卫排立，锦袍，幞头簪赐花，执骨朵子，面此乐棚。教坊、钧容直、露台弟子，更互杂剧。近门亦有内等子班直排列。万姓皆在露台下观看，乐人时引万姓山呼。

·译文·

黄罗搭建彩棚，御龙直军士们手持黄盖、掌扇，立于帘外。宣德楼的左右两座楼上各挂一枚灯球，直径一丈多，灯球内燃着巨烛，帘内也奏乐，在楼下可以听到宫嫔的嬉笑声。宣德楼下有一个大木堆成的露台，栏杆上装饰着彩带，禁卫军立于两侧。他们穿着锦袍，戴着簪有御赐绢花的幞头，手拿仪仗用的骨朵子，面朝乐棚而立。教坊、钧容直的艺人在露台上不断更替着出演杂剧。靠近宣德门的两侧，有内等子成员执勤。百姓们都在台下观看演出，台上的艺人们时不时引得百姓们高声喝彩。

·原文·

正月十四日，车驾幸五岳观迎祥池。有对御，谓赐群臣宴也。至晚还内。围子、亲从官皆顶球头大帽，簪花，红锦团答戏狮子衫，金镀天王腰带，数重骨朵。天武官皆顶双卷脚幞头，紫上大搭天鹅结带宽衫。殿前班顶两脚屈曲向后花装幞头，着绯青紫三色撚金线结带望仙花袍，跨弓剑，乘马，一扎鞍辔，缨绋前导。御龙直一脚指天一脚圈曲幞头，着红方胜锦袄子，看带束带，执御从物，如金交椅、唾盂、水罐、果垒、掌扇、缨绋之类。御椅子皆黄罗珠蹙，背座则亲从官执之。诸班直皆幞头锦袄束带。每常驾出有红纱贴金烛笼二百对，元宵加以琉璃玉

十四日车驾幸五岳观

· 译文 ·

正月十四日，皇帝车驾临幸五岳道观里的迎祥池。皇帝与群臣在这里共宴，叫“对御”，直到天黑他才返回宫内。负责警卫的围子和亲从官们个个都戴球头大帽，帽上插花，身穿红锦团答戏狮子衫，腰束镀金天王腰带，扛着重型的骨朵作为仪仗。随行的天武官都戴双卷脚幞头，身穿紫色上大搭天鹅系腰带的宽衫。殿前司人员则一律戴着两脚屈曲向后的花装幞头，身穿红青紫三种颜色、镶有合股金线边腰后系带的望仙花袍，身佩弓剑，骑着马，一式的鞍辔，他们在马上手持缨拂，走在最前面作为前导。

柱掌扇灯。快行家各执红纱珠络灯笼。驾将至，则围子数重，外有一人捧月样兀子，锦覆于马上。天武官十余人簇拥扶策，喝曰："看驾头！"次有吏部小使臣百余，皆公裳，执珠络球杖，乘马听唤。近侍余官皆服紫绯绿公服，三衙太尉、知阁、御带罗列前导，两边皆内等子，选诸军膂力者，着锦袄顶帽，握拳顾望，有高声者，捶之流血。教坊、钧容直乐部前引，驾后诸班直马队作乐，驾后围子外，左则宰执侍从，右则亲王、宗室、南班官。驾近则列横门，十余人击鞭，驾

御龙直军士头戴一脚指天、一脚蜷曲的幞头，身穿红色方胜图案的锦袄，腰束看带，每人手捧一件皇帝随身用具，如金交椅、唾盂、水罐、果垒、掌扇、缨拂等。皇帝座椅的椅套用黄罗缎蹙绣上均匀的珍珠，御椅的椅背靠垫由一名亲从官用手捧着。各班直军士都头戴幞头，身穿锦袄，腰间束带。平时御驾出行，必有二百对红纱贴金的灯笼在前面开道，元宵节还要在仪仗队里增加琉璃玉柱掌扇灯。皇宫的快行信使打着红纱珠络灯笼。在御驾将到时，就开始围出好几层围子，有一人在围子外骑着马，手捧满月状的矮凳子，用锦缎覆盖在马上。十几名天武军军官簇拥护卫御驾，他们大声吆喝："看驾头！"紧接着有一百多个吏部小使臣，穿着公服，手持缀有珍珠的球杖，骑在马上听从召唤。近侍及其他官员都穿紫红绿三色公服，三衙太尉、知阁和御带组成前导的队列。

后有曲柄小红绣伞，亦殿侍，执之于马上。驾入灯山，御辇院人员辇前喝“随竿媚来”，御辇团转一遭，倒行观灯山，谓之“鹁鸽旋”，又谓之“踏五花儿”，则辇官有喝赐矣。驾登宣德楼，游人奔赴露台下。

街道两侧尽是内等子的人，他们由各个军里挑选出的孔武有力者组成，这些人身穿锦袄，戴帽，双手握拳，四处巡视，若有百姓大声喧哗，便会过去拳打脚踢直至流血。教坊、钧容直的乐部走在前面引导，皇帝车驾后边又有诸班直骑在马上奏乐，御驾后面围子外，左边一队是宰执、侍从，右边一队是亲王、皇家宗室、南班官。御驾接近灯山时，所有人就都到灯山前门两边排列成队，十几个人甩鞭壮威，在皇帝车驾后竖起一把曲柄的小红绣伞，这把伞由殿侍手持，骑马紧随。御驾进入灯山后，御辇院官员马上到御驾前大声呼喝道：“随竿媚来！”意思是随着指挥的讯号来掌握皇帝乘舆的行走路线。御驾围绕灯山转了一圈后，皇帝的乘舆开始倒行着观赏灯山，这叫“鹁鸽旋”，也叫“踏五花儿”，辇官会因呼喝得到赏赐。看完灯山，皇帝就去登临宣德楼了，游人们则往露台那儿奔去观看演出。

十五日驾诣上清宫

·原文·

十五日诣上清宫，亦有对御，至晚回内。

·译文·

正月十五日，天子会前往上清宫，设小宴招待群臣，与群臣共饮，到晚上才返回宫中。

十六日

· 原文 ·

十六日车驾不出，自进早膳讫，登门，乐作卷帘，御座临轩，宣万姓。先到门下者，犹得瞻见天表，小帽红袍，独卓子。左右近侍，帘外伞扇执事之人。须臾下帘则乐作，纵万姓游赏。两朵楼相对，左楼相对郓王以次彩棚幕次，右楼相对蔡太师以次执政戚里幕次。时复自楼上有金凤飞下诸幕次，宣赐不辍。诸幕次中，家妓竞奏新声，与山棚露台上下，乐声鼎沸。西朵楼下，开封尹弹压，幕次，罗列罪人满前，时复决遣，以警愚民。楼上时传口敕，

· 译文 ·

正月十六日，皇帝不出宫门。用完早膳之后登临宣德楼，待宣德楼内开始奏乐，城楼上的帘子卷起来，皇帝亲临城楼宣谕百姓。先赶到楼下的百姓，还能一睹皇帝的仪容。皇帝头戴小帽，身穿红袍，站在专设的一张桌子前。两旁近侍拱立，帘子外面是撑御伞、持御扇及役使之人。不一会儿，帘子徐徐落下，楼里开始奏乐，听任百姓徘徊观赏。宣德楼左右两边的朵楼遥相呼应，左边朵楼相对着郓王及以下的宗室成员们依次排列的彩棚和帐幕，右边朵楼相对着蔡太师及以下执政外戚们依次排列的帐幕。不时会从宣德楼上飞出“金凤”，落到谁家的帐上，谁家就会得到赏赐，这样给出的赏赐没

特令放罪。于是华灯宝炬，月色花光，霏雾融融，洞烛远近。至三鼓，楼上以小红纱灯球缘索而至半空，都人皆知车驾还内矣。须臾闻楼外击鞭之声，则山楼上下灯烛数十万盏一时灭矣。于是贵家车马，自内前鳞切，悉南去游相国寺。寺之大殿前设乐棚，诸军作乐。两廊有诗牌灯云："天碧银河欲下来，月华如水照楼台"，并"火树银花合，星桥铁

有间断过。各帐幕里的歌姬，竞相比赛表演新创歌曲，与山棚、露台上下交融，乐声鼎沸。西边朵楼下，开封府尹安排军士警戒，帐幕前排列着一大批罪犯，司法官员不断地审判发落罪犯，借此儆戒百姓。城楼上不时传下皇帝的口谕，特令从轻发落。此时，宣德门到处是华

锁开”之诗。其灯以木牌为之，雕镂成字，以纱绢幂之，于内密燃其灯，相次排定，亦可爱赏。资圣阁前安顿佛牙，设以水灯，皆系宰执、戚里、贵近占设看位。最要闹九子母殿，及东西塔院，惠林、智海，宝梵，竞陈灯烛，光彩争华，直至达旦。其余宫观寺院，皆放万姓烧香。如开宝、景德、大佛寺等处，皆有乐棚，作乐燃灯。惟禁宫观寺院，不设灯烛矣。次则葆真宫有玉柱玉帘窗隔灯。诸坊巷、马行、诸香药铺席、茶坊、酒肆，灯烛各出新奇。就中莲花王家香铺灯火出群，而又命僧道场打花钹，弄对椎鼓，游人无

灯宝炬，月色花光，晃动的烛光分不清远近，轻雾中一派祥和欢乐的气氛。三更时分，城楼上的人使用一根绳索，把小红纱灯球挂上升至半空，这样百姓就都知道皇帝回宫了。片刻，宣德楼外会响起响亮的挥动马鞭之声，于是山棚、城楼上下的几十万盏灯烛都立刻熄灭。那些富贵人家的车马，纷纷掉头朝南往相国寺驶去。相国寺大殿前已设好一个乐棚，几个乐班在那儿奏乐。大殿两廊有诗牌灯，上面写着“天碧银河欲下来，月华如水照楼台”，还有写着“火树银花合，星桥铁锁开”等诗句。诗牌灯是木质的，木牌上雕刻成字，纱绢罩于木牌外。在走廊上密集地点燃灯烛，并按一定次序排列，也颇值得观赏。释迦摩尼佛的牙齿供奉在资圣阁前，设置了水灯，都是宰相、外戚、近臣们预先占据好的观赏席位。寺中数九子母殿最为热闹，

不驻足。诸门皆有官中乐棚。万街千巷，尽皆繁盛浩闹。每一坊、巷口，无乐棚去处，多设小影戏棚子，以防本坊游人小儿相失，以引聚之。殿前班在禁中右掖门里，则相对右掖门设一乐棚，放本班家口登皇城观看。官中有宣赐茶酒妆粉钱之类。诸营班院于法不得夜游，各以竹竿出灯球于半空，远近高低，若飞星然。阡陌纵横，城闉不禁。别有深坊小巷，绣额珠帘，巧制新妆，竞夸华丽。春情荡飏，酒兴融怡，雅会幽欢，寸阴可惜，景色浩闹，不觉更阑。宝骑

以及东西塔院，惠林、智海、宝梵等院都陈列着各种灯烛，光彩夺目，通宵达旦。其他的一些宫观、寺院，老百姓可以入内烧香。如开宝寺、景德寺、大佛寺等其他寺院，都有乐棚，奏乐点灯。只有禁宫内的道观寺院，不设灯点烛。其次是葆真宫也很热闹，它点的是玉柱玉帘窗隔灯。城中各个街坊巷口、马行，街上的各香药

骎骎，香轮辘辘，五陵年少，满路行歌，万户千门，笙簧未彻。市人卖玉梅、夜蛾、蜂儿、雪柳、菩提叶、科头圆子、拍头焦堆。唯焦堆以竹

店铺、茶坊、酒肆等各自陈列新奇多样的灯烛，其中最出众的要数莲花王家香铺，这家店还请和尚、道士来做道场，打花钹、弄对椎鼓，游人无不驻足观看。京城各个城门

架子出青伞上，装缀梅红缕金小灯笼子，架子前后亦设灯笼，敲鼓应拍，团团转走，谓之“打旋罗”，街巷处处有之。至十九日收灯，五夜城闉不禁，尝有旨展日。宣和年间，自十二月于酸枣门（二名景龙门）上，如宣德门元夜点照，门下

附近都有官府设的乐棚。城中万街千巷，到处繁华热闹。某些街坊或巷口没有乐棚，往往会设小影戏棚子，这样可以把本街坊的小孩们吸引住，以防走失。殿前诸班机构设在宫内右掖门里，所以就在右掖门对面立起一个乐棚，便于他们的家眷登上皇城观灯。宫中有时会派人宣旨赏赐一些茶钱、酒钱、脂粉钱之类的。按规定，各军营班直院的人不准夜游观灯，所以他们就各自在驻地用竹竿挂灯球到半空中，远近高低，随风摇曳，宛如天上的飞星。京城内外的街道纵横交错，亦置露台，南至宝箓宫，两边关扑买卖。晨晖门外设看位一所，前以荆棘围绕，周回约五、七十步，都下卖鹌鹑骨饳儿、圆子、堆拍、白肠、水晶鲙、科头细粉、旋炒栗子银杏、盐豉汤、鸡段、金橘、橄榄、龙眼、荔枝诸般市合，团团密摆，

节日期间城门通宵不闭，任人进出。城内偏僻处小街小巷的一些人家，也都在门上挂绣额珠帘，精心制作装饰一新，相互夸耀各家的华丽之处。京城人个个神采飞扬，酒兴融融，体会着雅集、幽会的乐趣，每一刻时光都让人回味不已，热闹繁华的景象，让游客不觉夜深。名贵的马匹急速奔驰，妇人们的香车车轮辘辘，富家子弟在街上边走边唱，千家万户乐声不绝。街边的小贩在叫卖玉梅、夜蛾、蜂儿、雪柳、菩提叶等饰物与科头圆子、拍头焦堆等食物。焦堆以竹架子穿着放在青伞上，旁边装饰着梅红色的以金边为饰的小灯笼，架子前后也挂有灯笼，人们敲鼓应着节拍，围着架子团团而转，叫作“打旋罗”，这在街巷中随处可见。从正月十五元宵节到正月十九日，这五天夜晚城门不关，且有圣意让灯节延期。宋徽宗宣和年间，自十二月起在酸枣门（又叫景龙门）上，像在宣德门元宵节夜晚那样点灯，在酸枣门门下搭露台，

准备御前索唤。以至尊有时在看位内，门司、御药、知省、太尉悉在帘前，用三五人弟子祗应。糿盆照耀，有同白日。仕女观者，中贵邀住，劝酒一金杯令退。直至上元，谓之“预赏”。惟周待诏瓠羹贡余者，一百二十文足一个，其精细果别如市店十文者。

往南一直到宝箓宫，两边都是各类关扑、买卖。晨晖门外设有一处御用看台，用荆棘将看台围起来，方圆五十到七十步大小。荆棘外围满了卖小吃的摊子，鹌鹑骨饳儿、圆子、䭔拍、白肠、水晶鲙、科头细粉、旋炒栗子银杏、盐豉汤、鸡段、金橘、橄榄、龙眼、荔枝等食物都用盒子装得满满的，以备御前召唤。因为天子有时也会在看台内，门司、御药、知省、太尉全在帘外站立，由三五个教坊弟子小心伺候。照明火盆熊熊燃烧，犹如白昼一般。官宦人家的女子前来观看，宫中宦官会邀请她们喝一杯酒，让她们退下。这样的盛景一直持续到元宵节，又叫“预赏”。周待诏瓠羹店满足宫中需求后，会把剩下的瓠羹以每份一百二十文的价格出售给老百姓，其用料、做工、精细程度果然不同于市面上十文钱一份的瓠羹。

收灯都人出城探春

·原文·

收灯毕，都人争先出城探春。州南则玉津园外，学方池亭榭、玉仙观，转龙湾西去，一丈佛园子、王太尉园，奉圣寺前孟景初园，四里桥望牛冈、剑客庙。自转龙湾东去，陈州门外，园馆尤多。州东宋门外快活林、勃脐陂、独乐冈、砚台、蜘蛛楼、麦家园，虹桥、王家园。曹、宋门之间东御苑，乾明崇夏尼寺。州北李驸马园。州西新郑门大路，直过金明池西道者院，院前皆妓馆。以西宴宾楼，有亭榭、曲折池塘、秋千画舫。酒客税小舟帐设游赏。相对祥祺观，直至板桥，有集贤楼、莲花楼，乃之官河东、陕西五路之别馆，寻常饯送置酒于此。过

·译文·

元宵节收灯后，京城中人纷纷去城外踏春。州城南面除了玉津园外，还有学方池的亭榭、玉仙观，从转龙湾往西走，有一丈佛园子、王太尉园，奉圣寺前的孟景初园、四里桥望牛冈、剑客庙。从转龙湾往东走出了陈州门外，有很多园馆。州城东宋门外有快活林、勃脐陂、独乐冈、砚台、蜘蛛楼、麦家园、虹桥、王家园。曹门和宋门之间有东御苑、乾明崇夏尼寺。州城北面有李驸马园。州城西边的新郑门大路，穿过金明池西边的道者院，院前皆是妓院。再往西是宴宾楼，有亭台楼榭、曲折蜿蜒的池塘，岸上有秋千，水中有画舫。酒客可租小船、设帐篷游玩。宴宾楼对面是祥祺观，往前走最远是板桥，有集贤楼、莲花楼，这是专为到河东、陕西五路上任官

板桥，有下松园、王太宰园、杏花冈。金明池角南去水虎翼巷，水磨下蔡太师园。南洗马桥西巷内，华严尼寺、王小姑酒店。北金水河两浙尼寺、巴娄寺、养种园，四时花木繁盛可观。南去药梁园、童太师园。南去铁佛寺、鸿福寺、东西柏榆树。州北模天坡、角桥，至仓王庙、十八寿圣尼寺、孟四翁酒店。州西北元有庶人园、有创台、流杯亭榭数处，放人春赏。大抵都城左近，皆是园圃，百里之内，并无闲地。次第春容满野，暖律暄晴，万花争出粉墙，细柳斜笼绮陌。香轮缓辗，芳草如茵，骏骑骄嘶，杏花如绣，莺啼芳树，燕舞晴空，红妆按乐于宝榭层楼，白面行歌近画桥流水。举目则秋千巧笑，

员设立的别馆，给官员饯行一般在此处设宴。经过板桥，是下松园、王太宰园、杏花冈等地。从金明池角上向南边走去是水虎翼巷，水磨坊的下边是蔡太师园。南洗马桥西巷内有华严尼寺、王小姑酒店。北金水河有两浙尼寺、巴娄寺、养种园，一年四季都花木繁盛。往南是药梁园、童太师园。再往南是铁佛寺、鸿福寺、东西柏榆树。州城北边有模天坡、角桥，可到仓王庙、十八寿圣尼寺、孟四翁酒店。州城西北边原来有庶人园、有创台、流杯亭榭数处，任从游人春日赏玩。州城的附近被瓜果蔬菜园子占领，百里之内没有什么空闲之地。风景依次是春意盎然，风和日暖，百花争相开放，白色的围墙上细嫩的柳条肆意舒展。香车车轮轻缓碾过郊外的小

触处则蹴踘疏狂，寻芳选胜，花絮时坠金樽。折翠簪红，蜂蝶暗随归骑。于是相继清明节矣。

路，芳草如茵，骏马欢鸣，杏花美丽精巧犹如刺绣，黄莺在树上吟唱，燕子在晴空飞舞，红妆少女在高楼上抚琴，英俊的书生在小桥流水边纵情吟唱。放眼望去，美丽的女子在荡秋千，充满欢笑；年轻的男子在蹴鞠，狂放不羁。探寻春意，不经意间，柳絮飘落酒杯。折下几根嫩条，插戴几朵红花，自有蜂蝶跟在马鞍后。元宵节过后，接着就是清明将至。

卷柒

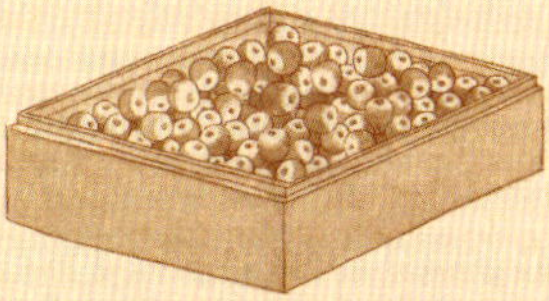

清明节

·原文·

清明节，寻常京师以冬至后一百五日为大寒食。前一日谓之“炊熟”，用面造枣锢飞燕，柳条串之，插于门楣，谓之“子推燕”。子女及笄者，多以是日上头。寒食第三日，即清明节矣。凡新坟皆用此日拜扫。都城人出郊。禁中前半月发宫人车马朝陵，宗室南班近亲，亦分遣诣诸陵坟享祀，从人皆紫衫，白绢三角子，青行缠，皆系官给。节日亦禁中出车马，诣奉先寺、道者院祀诸宫人坟，莫非金装绀幰，锦额珠帘、绣扇双遮，纱笼前导。士庶阗塞。诸门纸马铺，

·译文·

京城里的人通常将冬至后第一百零五天定为大寒食，大寒食前一天叫“炊熟”，这天每户人家都用面粉蒸制飞燕状的枣锢，用柳条串起枣锢，插在门楣上，这个习俗叫“子推燕”。家里若有年满十五岁的女孩，会在这一天束发插簪以示成年。寒食后的第三天就是清明节，人们都在清明这天拜奠祭扫新坟，因而京城里的人往往都出城到郊外来。宫中在清明前半个月，就已安排车马派宫里的人们出宫朝谒各个陵墓，宗室、南班官、皇室近亲也分别到各陵墓祭祀，他们的随从全都身穿紫色衣衫、头戴白绢三角子，腿裹天青色绑腿，这些服装是由官家提供的。清明节那

皆于当街用纸衮叠成楼阁之状。四野如市，往往就芳树之下，或园囿之间，罗列杯盘，互相劝酬。都城之歌儿舞女，遍满园亭，抵暮而归。各携枣錮、炊饼，黄胖、掉刀，名花异果，山亭戏具，鸭卵鸡刍，谓之“门外土”。轿子即以杨柳杂花装簇顶上，四垂遮映。自此三日，皆出城上坟，但一百五日最盛。节日坊市卖稠饧、麦糕、乳酪、乳饼之类。缓入都门，斜阳御柳。醉归院落，明月梨花。诸军禁卫，各成队伍，跨马作乐四出，谓之“摔脚”。其旗旄鲜明，军容雄壮，人马精锐，又别为一景也。

天，宫中派出车马分别到奉先寺和道者院，祭祀诸妃嫔的坟墓。宫中派出的车马，都是用金色装点，外面覆有天青色车幔，车厢门前悬有锦绣的匾额，挂着珠帘，两边用绣扇遮挡，还有手持绢纱灯笼的前导开道。驻足观看的人把街道都堵塞了。各城门旁卖纸人、纸马的冥具铺都当街用纸卷曲折叠成楼阁的形状，供人选购。郊外四野如集市一般，热闹非凡。往来踏青的人们在大树底下，或馆舍间的空地上，摆列杯盘和酒菜，相互敬酒。京城中男男女女的歌舞艺人，遍布各个亭园，日暮才回城。出城的人们从郊外买些枣锢、炊饼、黄胖、掉刀、好看的花、新奇的水果、山亭戏具、鸭蛋、小鸡等物品带回城里，这些物品称作“门外土”。回城时每个轿子顶上堆簇着杨柳枝条、各种野花，四

面垂下来，把轿子的窗户都遮住了。从大寒食起的三天，京城中人都去郊外上坟，大寒食后的第一天出城的人最多。清明节当天，街坊集市上有卖稠饧、麦糕、乳酪、乳饼之类的食品。傍晚，落日余晖映照在御街的柳树上，人们缓慢地排队通过城门回家。人们带着醉意回到家中，皎洁的月光洒在院里的梨花上。京城里禁军各队，各自排成队伍巡游，他们骑马奏乐，四处踏青，叫作“摔脚”。这些队伍旗帜鲜明，军容雄壮，军士和马匹都很有精神，是节日里的另一道风景。

三月一日开金明池琼林苑

原文

三月一日，州西顺天门外，开金明池琼林苑，每日教习车驾上池仪范。虽禁从士庶许纵赏，御史台有榜不得弹劾。池在顺天门外街北，周围约九里三十步，池面直径七里许。入池门内南岸西去百余步，有西北临水殿，车驾临幸，观争标锡宴于此。往日旋以彩幄，政和间用土木工造成

译文

三月初一，州城西面的顺天门外，官府开放这里的金明池和琼林苑，每天要在这里练习皇帝御驾临幸金明池时的仪规。虽然平时禁止士人百姓随心所欲地进入这两个地方游玩，但在农历三月初一，御史台会出告示，不准对到这里的游客有任何刁难。金明池在顺天门外街的北面，绕行一周大约是九里三十步，池面直径约七里多。从金明池南岸向

矣。又西去数百步，乃仙桥，南北约数百步，桥面三虹，朱漆阑楯，下排雁柱，中央隆起，谓之“骆驼虹”，若飞虹之状。桥尽处，五殿正在池之中心，四岸石甃向背，大殿中坐，各设御幄，朱漆明金龙床，河间云水戏龙屏风，不禁游人。殿上下回廊皆关扑钱物、饮食，伎艺人作场、勾肆，罗列左右。桥上两边，用瓦盆内掷头钱，关扑钱物、衣服、动使。游人还往，荷盖相望。桥之南立棂星门，门里对立彩楼。每争标作乐，列妓女于其上。门相对街南有砖石甃砌高台，上有楼观，广百丈许，曰宝津

西走一百多步，有朝西北方向的临水殿，皇帝临幸金明池，观看争夺锦标的表演、赐宴都在临水殿。以前皇帝驾临，只是在这里临时搭建彩色幕帐，政和年间才大兴土木建造了临水殿。临水殿向西去几百步便是仙桥，桥至南往北长几百步，桥面有三拱，犹如三条彩虹，朱红色油漆的栏杆，下面的桥柱排列成“人”字，像雁行一样。桥的中央隆起，称为“骆驼虹”，远远望去，犹如飞入半空的一道彩虹。桥的尽头是五间大殿，正好在金明池的中心。金明池四边的岸壁是石砌的，两两相对。五个殿中，大殿居中，每个殿都设有御座，御座都用帐幄围起来，殿里还摆放有朱漆漆成的明金龙床和镂有河间云水戏龙图案的屏风，这里也不禁止游人观赏。这几

间殿堂的上下回廊里到处是赌掷钱物、卖饮食的人，在两旁还有艺人卖艺的作场、勾肆。仙桥两边，赌徒在用瓦盆掷头钱，赌博赚取钱物、衣服及各种器具。桥上游人来来往往，车盖相望，非常热闹。棂星门在桥的南面，门里面两座彩楼相对而立。每当争夺锦标比赛奏乐时，彩楼上就站了一帮妓女驻足观望。正对着棂星门，在街的南面有用砖石砌起的高台，台上有楼房，楼房宽百丈多，名叫“宝津楼”，这座楼直通金明池的大门，宽度有一百多丈，从楼上向下可以俯瞰仙桥的水殿。皇帝临幸宝津楼，在这里观看骑射比赛和百戏演出。金明池东岸，临水岸上和围墙之间植有垂柳，两边搭满了彩棚和帐幕。临水的那些彩棚、帐幕可以租赁，在里面可以观看争夺锦标的比赛。街的东楼，前至池门，阔百余丈，下阚仙桥水殿。车驾临幸，观骑射百戏于此。池之东岸临水近墙皆垂杨，两边皆彩棚幕次，临水假赁，观看争标。街东皆酒食店舍，博易场户，艺人勾肆，质库；不以几日解下，只至闭池，便典没出卖。北去直至池后门，乃汴河西水门也。其池之西岸亦无屋宇，但垂杨蘸水，烟草铺堤，游人稀少，多垂钓之士，必于池苑所买牌子，方许捕鱼。游人得鱼，倍其价买之，临水斫脍，以荐芳樽，乃一时佳味也。

面有许多酒食店铺、关扑赌博的摊子、艺人演出的勾栏、当铺。当铺里的抵押物品不论剩余多长当期，只要金明池关闭，当铺就会把这些抵押物品拿来出售。从棂星门那条街向北走一直到金明池后门，是连通汴河的西水门。金明池的西岸没有房屋，只见垂柳点蘸着水面，烟草铺满堤岸，游人稀少，只有一些垂钓休闲的人，人们必须到池苑所购买牌子，才允许在这里钓鱼。游人若想购买钓上来的鱼，要出高于市价一倍的价钱。到旁边的酒食店破开烹饪新钓上的鱼，就着好酒下肚，实在是美味佳肴。等到金明池里的水上演习结束之后，就会有几条小龙船系在这里。池岸北边

习水教罢，系小龙船于此。池岸正北对五殿，起大屋，盛大龙船，谓之“奥屋”，车驾临幸，往往取二十日。诸禁卫班直簪花，披锦绣捻金线衫袍，金带勒帛之类结束，竞逞鲜新。出内府金枪，宝装弓剑，龙凤绣旗，红缨锦辔。万骑争驰，铎声震地。

正对着五间大殿，盖有一座用来存放大型龙船的非常高的屋子，这间屋子叫作“奥屋”。皇帝往往挑选三月二十日驾幸金明池。这天，所有的禁卫班直军士帽上簪花，身披锦绣披肩，外套镶嵌金线的衫袍，腰束金带或丝织腰带，装束尽显鲜明新奇。他们手执着从内府刚领出的金枪，腰间别着装饰精美的弓剑，举着绣有龙凤的大旗，马匹用红缨装饰，系马的缰绳都是锦丝编成的。禁卫马队万马奔腾，马铃声震动大地。

驾幸临水殿观争标锡宴

· 原文 ·

驾先幸池之临水殿，锡燕群臣。殿前出水棚，排立仪卫。近殿水中，横列四彩舟，上有诸军百戏，如大旗、狮豹、掉刀、蛮牌、神鬼、杂剧之类。又列两船，皆乐部。又有一小船，上结小彩楼，下有三小门，如傀儡棚，正对水中乐船。上参军色进致语。乐作，彩棚中门开，出小木偶人，小船子上有一白衣人垂钓，后有小童举棹划船，辽绕数回，作语，乐作，钓出活小鱼一枚，又作乐，小船入棚。继有木偶筑球舞旋之类，亦各念致语，唱和，乐作而已，谓之“水傀儡”。又有两画船，上立秋千，

· 译文 ·

皇帝的车驾先到金明池的临水殿，赐宴群臣。殿前搭起一座水棚，天子的仪仗队和卫队在水棚里排列好。殿前不远的池水里，四条彩船一字排开，诸军在船上演出百戏，演出的节目有舞大旗、扮狮豹、舞弄掉刀、蛮牌、装神鬼、杂剧等。旁边另有两条船，船上载着乐队。还有一条小船，船上搭起小彩楼，彩楼下面有三个小门，就像演傀儡戏的戏棚，正对着水中的乐船。乐船上来一名参军角色，上前说唱颂辞，然后乐队奏乐，接着小彩楼的中门开了，小木偶人从门里出来，小船上有一个穿白衣的人在垂钓，白衣人身后有小童子举桨划船，小船在水中划了几圈，那小童子说了几句颂辞，乐队奏乐，那白衣人竟从水中钓上一条活的小鱼，乐队又奏起乐来，这时小船慢慢地划进水棚。接下来有木偶出来表演玩筑

船尾百戏人上竿，左右军院虞候、监、教，鼓笛相和；又一人上蹴秋千，将平架，筋斗掷身入水。谓之“水秋千”。水戏呈毕，百戏乐船并各鸣锣鼓，动乐舞旗，与水傀儡船分两壁退去。有小龙船二十只，上有绯衣军士各五十余人，各设旗鼓铜锣。船头有一军校，舞旗招引，乃虎翼指挥兵级也。又有虎头船十只，上有一锦衣人执小旗立船头上，余皆著青短衣长顶头巾，齐舞棹，乃百姓卸在行人也。又有飞鱼船二只，彩画间金，最为精巧，上有杂彩戏衫五十余人，间

球和跳舞旋等节目，在每个节目开始演出之前，都有演员上来说唱颂辞一番，相互应和，接着奏乐，然后表演节目，这一套程序称为“水傀儡”。又驶来两条装饰华美的船，船上立有秋千，船尾有演百戏的人在表演爬竿，左右军院的虞候、监押和教头们，擂鼓吹笛应和这些表演。一个人一跃而上荡起秋千，他在秋千上荡到秋千板和秋千架的梁一样高时，突

列杂色小旗绯伞，左右招舞，鸣小锣鼓铙铎之类。又有鳅鱼船二只，止容一人撑划，乃独木为之也。皆进花石朱缅所进。诸小船竞诣奥屋，牵拽大龙船出诣水殿，其小龙船争先团转翔舞，迎导于前。其虎头船以绳索引龙舟。大龙船约长三四十丈，阔三四丈，头尾鳞鬣，皆雕镂金饰，槾板皆退光，两边列十阁子，充阁分歇泊，中设御座龙水屏风。槾板到底深数尺，底上密排铁铸大银样如卓面大者压重，庶不欹侧也。上有层楼台观槛曲，安设御座。龙头上人舞旗，左右水棚排列六桨，宛若飞腾。至水殿，舣之一边。水殿前至仙桥，预以红旗插于水中，标识地分远近。所谓小龙船，

然翻着筋斗纵身跃入水中，这个节目叫“水秋千”。水戏表演完毕，演百戏的船和乐队的船各自敲锣打鼓，奏着乐曲，挥舞旗帜，与表演水傀儡的船一起分成两边退下。接着上场的是二十条小龙船，每条船上各有五十余个穿红衣的军士，他们分别打旗、敲锣、打鼓。船头站着一名军校，他舞动旗帜指挥船的移动，这些人是虎翼指挥军士。又驶来十条虎头船，每条船的船头都站着一名身穿锦衣的人，手里拿着一面旗子，虎头船上其余的人都穿着青色短衫，头裹长顶头巾，整齐地划着船桨，他们由平民百姓和卸任的差役组成。又有两条飞鱼船驶过，船身上画有鲜艳的图画，金色的纹饰穿插在彩绘之间，制作特别精巧，飞鱼船上有五十余人，他们穿着各色戏装，有些人打着红伞，有些人则挥舞着不同颜色的旗子，有些人则敲小锣、击鼓、敲铙铎。接着划来两条鳅鱼船，船很小，只能容下一人撑划，这种船是用一根大木头挖空造出来

列于水殿前，东西相向；虎头、飞鱼等船，布在其后，如两阵之势。须臾，水殿前水棚上一军校以红旗招之，龙船各鸣锣鼓出阵，划棹旋转，共为圆阵，谓之“旋罗”。水殿前又以旗招之，其船分而为二，各圆阵，谓之“海眼”。又以旗招之，两队船相交互，谓之“交

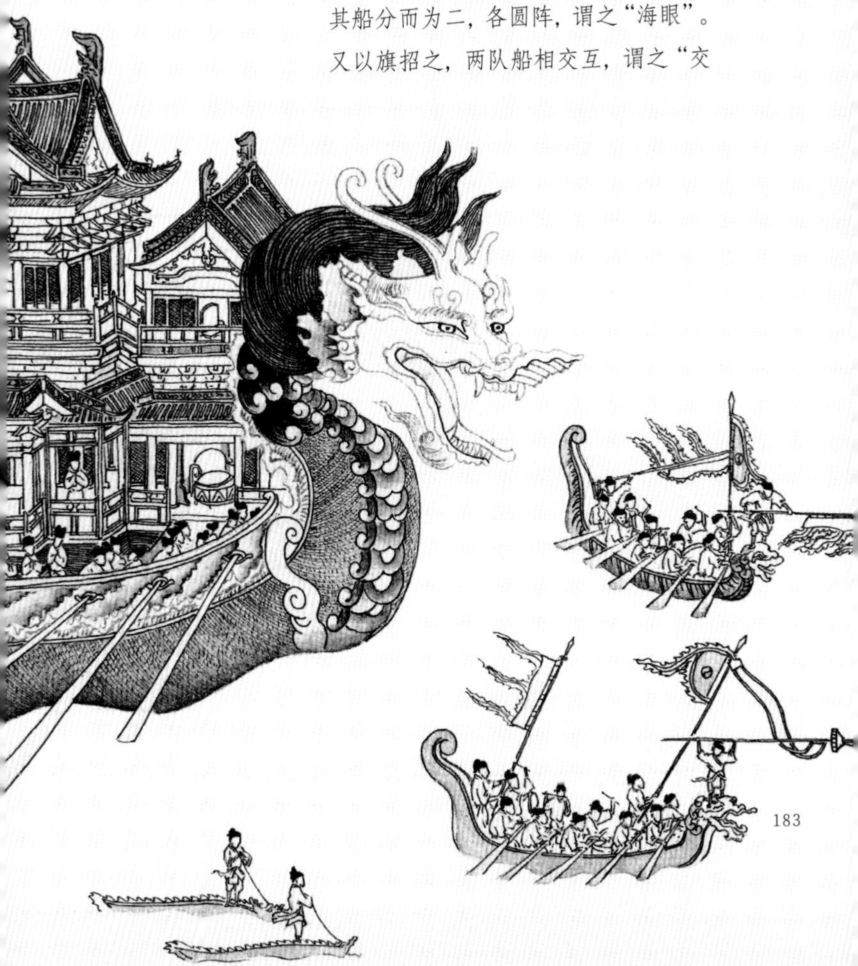

头”。又以旗招之，则诸船皆列五殿之东面，对水殿排成行列，则有小舟一军校执一竿，上挂以锦彩银盌之类，谓之“标竿”，插在近殿水中。又见旗招之，则两行舟鸣鼓并进，捷者得标，则山呼拜舞。并虎头船之类，各三次争标而止。其小船复引大龙船入奥屋内矣。

的，是进贡花石纲的朱缅进献的。所有这些小船争先恐后划往奥屋，将大龙船从奥屋牵引拉拽到临水殿去，那几条小龙船争相围着大龙船划行飞舞，在大龙船前引导。那些虎头船用绳索牵引着大龙船。大龙船长三四十丈，宽三四丈，船头到船尾的龙鳞、鬣毛都是精心雕镂并配以金饰的，所有的槛板都已拆卸，在船的两边排列了十个阁子，供嫔妃休息，中间设有皇帝御座且安放有刻着龙和水图案的屏风。槛板到船底深达数尺，船底部密密地摆放着铁铸大元宝，每个大元宝有桌面那么大，以此压重稳住船，不致摇摆倾斜。大龙船上有层楼馆阁和曲折的栏杆，每层楼上都安置有御座。大龙船的船头上有人挥舞旗帜，船上两侧水棚各排列有六条桨，随着旗帜的指挥整齐地划行。大龙船疾速前进，犹如在水面飞腾。大龙船到达临水殿之后，停靠在一边。从临水殿一直到仙桥，池水里预先插好红旗，以标明地域远近。前面那些小龙船排列在临水殿前，东、西两排，头对着头；虎头船、飞鱼船等分布在小龙船的后面，就像两军对阵的

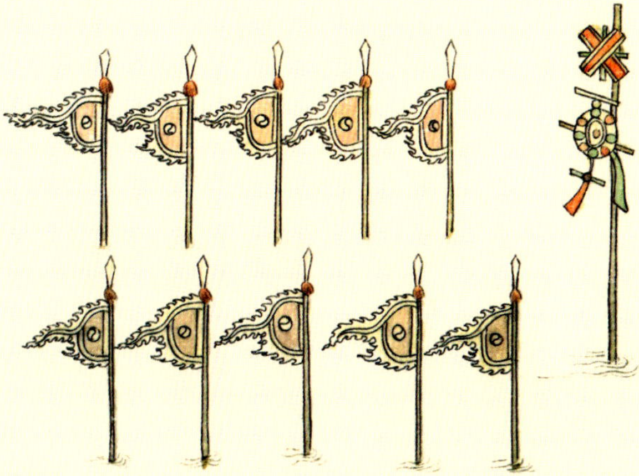

仗势。不一会儿，临水殿前水棚上一名军校挥舞红旗发出号令，龙船各自鸣锣击鼓出阵，掉头转向，逐渐排列成一个圆阵，这个阵叫“旋罗”。临水殿前水棚上的那名军校用红旗发令，这些龙船就一分为二，原来的圆阵拆散成两个新的圆阵，这阵叫“海眼”。军校再次挥舞红旗，两队龙船相互交叉错落，这叫“交头”。军校又挥舞一下红旗，所有船只都驶向五间殿的东面，面对临水殿排成行列，此时驶来一条小船，船上一名军校手执竹竿，竹竿上挂着织锦、银碗之类的物品，这叫“标竿”，军校把这根竹竿插在靠近临水殿的池水里。又见红旗一招，只见两行船只都敲着鼓，一齐进发，争抢那根“标竿”，划得最快的船只一抢到那根“标竿”，船上的人们便三呼“万岁”，并且跪拜、舞蹈。那些虎头船也都参与到这个竞赛中来，一共进行三次夺“标竿”，竞赛才结束。那些小船重新牵引大龙船回到奥屋里。

驾幸琼林苑

· 原文 ·

驾方幸琼林苑，在顺天门大街面北，与金明池相对。大门牙道，皆古松怪柏。两傍有石榴园、樱桃园之类，衙有亭榭，多是酒家所占。苑之东南隅，政和间创筑华觜冈，高数十丈，上有横观层楼，金碧相射；下有锦石缠道，宝砌池塘，柳锁虹桥，花萦凤舸，其花皆素馨、末莉、山丹、瑞香、含笑、射香等闽、广、二浙所进南花。有月池、梅亭、牡丹之类，诸亭不可悉数。

· 译文 ·

皇帝临幸的琼林苑在顺天门大街上，大门朝北，在金明池对面。通往大门的官道两边，全是古老的松树和奇形怪状的柏树。官道两旁有石榴园、樱桃园之类的园林，园中各有亭阁楼榭，不过多被酒家占用。政和年间，琼林苑的东南角修筑起华觜冈，高有数十丈，上面有宽广的台观层楼，装饰得金碧辉煌，互相映照；楼下用五彩石头铺成的曲折环绕小道，用名贵的石料砌出一个池塘，柳条遮住了飞架池面的虹桥，鲜花环绕着那些华丽的游船，都是些素馨、茉莉、山丹、瑞香、含笑、射香等，它们都是从福建、广东、两浙那边引进的南方花木。华觜冈附近还有月池、梅亭、牡丹亭之类的亭榭，各个亭榭的景致就不一一记载了。

驾幸宝津楼宴殿

·原文·

宝津楼之南有宴殿，驾临幸嫔御，车马在此。寻常亦禁人出入，有官监之。殿之西有射殿，殿之南有横街，牙道柳径，乃都人击球之所。西去苑西门，水虎翼巷；横街之南，有古桐牙道，两傍亦有小园圃台榭。南过画桥，水心有大撮角亭子，方池柳步围绕，谓之“虾蟆亭”，亦是酒家占。寻常驾未幸，习旱教于苑大门。御马立于门上。门之两壁皆高设彩棚，许士庶观赏，呈引百戏。御马上池，则张黄盖，击鞭如仪。每遇大龙船出及御马上池，则游人增倍矣。

·译文·

宝津楼的南面有一座举行宴会的大殿。皇帝驾幸时，嫔妃的车驾就停在这里。这里平时禁止百姓进出，有官吏把守监管。射殿在宴殿的西面，宴殿南面有一条横街，是两侧植柳的官道，平时京城里的人常在这条官道上打马球。从宴殿向西去就到琼林苑西门和水虎翼巷。横街的南面是古桐官道，两侧也有些园圃、台榭。牙道往南走经过一座雕饰华丽的小桥，池水中间有一个大撮角亭子，水池方形，环池每隔一步植一棵柳树，亭子被称为“虾蟆亭”，这里也被一个酒家占用。平时御驾没临幸这里时，步军就在琼林苑大门口那一带操演训练科目。御驾降临时，御车的马匹在琼林苑的大门停住，大门的左右两侧都架设起高高的彩棚，百戏就在彩棚里演出，准许士人百姓来观看。当皇帝骑御马前往金明池时，就张开黄罗盖伞，军士按照礼制来击鞭送行。每次御驾乘大龙船，或是乘马临幸金明池，游览的人就会成倍增加。

寶津之樓

驾登宝津楼 诸军呈百戏

·原文·

驾登宝津楼，诸军百戏，呈于楼下。先列鼓子十数辈，一人摇双鼓子，近前进致语，多唱“青春三月蓦山溪”也。唱讫，鼓笛举，一红巾者弄大旗，次狮、豹入场，坐作进退，奋迅举止毕。次一红巾者手执两白旗子，跳跃旋风而舞，谓之“扑旗子”。及上竿、打筋斗之类讫，乐部举动，琴家弄令，有花妆轻健军士百余，前列旗帜，各执雉尾、蛮牌、木刀，初成行列拜舞，互变开门夺桥等阵，

·译文·

皇帝御驾登临宝津楼，诸军就在宝津楼下表演百戏。首先上场的是十几个列队而出的鼓手，其中一个人手摇双面鼓，走上前去说唱颂辞，常常是唱“青春三月蓦山溪”这首曲子。他唱完后，鼓笛齐鸣，一个头裹红头巾的舞者舞动一面大旗进场，接着驯狮豹的入场，动物们在驯兽师的指挥下起立、蹲下、前进、后退，它们的动作迅速、威猛有力，表演完毕便退场。接着出场的是一个头裹红头巾的人，他双手各执一面白旗，在台上跳跃、打旋，像旋风似的舞动，这个节目叫“扑旗子”。接着上台的是爬竿、翻筋斗之类的节目，这些表演结束后乐队开始奏乐，琴师弹奏令曲，此时有一百多个身穿彩色服装、年轻健壮的军士出场，在前面排列的旗帜引导下，各手执雉尾、蛮牌和木刀，先是排成行列跪拜舞蹈，接着交互变换开门、夺桥等阵列，然后排成“偃月阵”。

然后列成偃月阵。乐部复动蛮牌令，数内两人出阵对舞，如击刺之状，一人作奋击之势，一人作僵仆。出场凡五、七对，或以枪对牌，剑对牌之类。忽作一声如霹雳，谓之“爆仗”，则蛮牌者引退，烟火大起，有假面披发，口吐狼牙烟火如鬼神状者上场。着青帖金花短后之衣，帖金皂裤，跣足，携大铜锣，随身步舞而进退，谓之“抱锣”。绕场数遭，或就地放烟火之类。又一声爆仗，乐部动《拜

新月慢》曲，有面涂青绿，戴面具金睛，饰以豹皮锦绣看带之类，谓之“硬鬼”。或执刀斧，或执杵棒之类，作脚步蘸立，为驱捉视听之状。又爆仗一声，有假面长髯展裹绿袍靴简，如钟馗像者，傍一人以小锣相招和舞步，谓之“舞判”。继有二三瘦瘠、以粉涂身，金睛白面如髑髅状，系锦绣围肚看带，手执软仗，各作诙谐趋跄举止若俳戏，谓之“哑杂剧”。又爆仗响，有烟火就涌出，人面不相睹，烟中有七人，皆披发文身，着青纱短后之衣，锦绣围肚看带，内一人金花小帽、执白旗，余皆头巾，执真刀，互相格斗击刺，作破面剖心之势，谓之“七圣刀”。忽有爆仗响，又复烟火出。散处以青幕围绕，列数十辈，皆假面异服，如祠庙中

乐队又新奏起《蛮牌令》，偃月阵里两人出阵对舞，像互相劈刺一样跳着，一人做奋力击刺的样子，另一人则装作被刺中而直挺挺地扑倒在地，同时趁此退场。这样从阵里先后出来五对或七对人，有的以枪对蛮牌，有的用剑对蛮牌，表演劈刺。这时忽然发出一声如霹雳般的巨响，这就是“爆仗”，响声起，持蛮牌的人退场，随即烟火大起，有戴着假面具、披头散发、口吐狼牙烟火、装扮成鬼神模样的人上场。他身穿青色贴有金花的后面短的衣服，下身是贴金黑的裤子，赤着脚，手提一面大铜锣，铜锣随着身形舞动而前进后退，这个表演叫“抱锣”。他在台上绕场数圈，有时停下点燃烟火。不一会儿，又一声爆仗响起，乐队奏起《拜新月慢》乐曲，一个面涂青绿色颜料、戴着画有火眼金睛面具的人

上场，他身披豹皮，腰上系着锦绣看带之类的装饰物，这个角色叫“硬鬼”。他有时拿着刀斧、有时拿着棍棒一类的武器，踮着脚尖在台上走，做出驱赶、捉拿、查看、倾耳的动作。又听得一声爆仗响，一个戴着假面具、长胡须、身穿绿袍、脚蹬靴子的人出场，他装成钟馗的模样。旁边有一人敲着小锣伴奏，两人呼应配合着舞蹈，这两人的表演叫“舞判”。接着有两三个皮包骨头、用粉涂抹身体的瘦人，他们涂成金睛白脸，装扮成骷髅的模样，腰间看带系着锦绣围肚，手里拿着可以弯曲的手杖，各自做出滑稽的动作，步履踉跄，就像在演俳戏，这个表演叫“哑杂剧”。又听闻爆仗响，台上涌起一股烟火，台上的人隐于烟火之中，只见烟中冒出七人，全都披头散发，身上布满文身，身穿青纱质后神鬼塑像，谓之“歇帐”。又爆仗响，卷退。次有一人击小铜锣，引百余人，或巾裹，或双髻，各着杂色半臂，围肚看带，以黄白粉涂其面，谓之“抹跄”。各执木掉刀一口，成行列，击锣者指呼，各拜舞起居毕，喝喊变阵子数次，成一字阵，两两出阵格斗，作夺刀击刺之态百端讫，一人弃刀在地，就地掷身、背著地有声，谓之“扳落”。如是数十对讫，复有一装田舍儿者入场，念诵言语讫，有一装村妇者入场，与村夫相值，各持棒杖互相击触，如相殴态。其村夫者以杖背村妇出场毕，后部乐作，诸军缴队杂剧一段，继而露台弟子杂剧一段，是时弟子萧住儿、丁都赛、薛子大、薛子小、杨总惜、崔上寿之辈，后来者不足数。合曲舞旋讫，

辅短的上衣，腰间看带系着锦绣围肚，其中一人头戴金花小帽，手拿白旗，其余几人只裹头巾，拿着真刀，互相格斗击刺，做出破面剖心的样子，这个表演叫“七圣刀”。突然间爆仗又响，一团烟火也接着涌出，烟火散去后只见台上用青色的帐幕围起一圈，周围站立数十人，全都头戴假面具、穿着奇异的服装，犹如寺庙中的神鬼塑像，这个表演叫“歇帐”。爆仗再次响起，帐幕卷起移去，这些人跟着退下。接着，一人敲打着小铜锣上场，引领着百余人登场，这些人有的裹着头巾，有的梳着双髻，各穿杂色半袖上衣，看带系着围肚，他们的脸上涂抹了黄、白粉末，这叫“抹跄”。他们各自拿着一把木掉刀，排成行列，敲打小铜锣的人指挥他们跪拜舞蹈，动作做完后，敲击小铜锣的人呼喊发令，这些人就表演队列变化数次，然后排成一字阵，两两出阵表演格斗，

诸班直弟子常入祗候弟子所呈马骑，先一人空手出马，谓之“引马”。次一人磨旗出马，谓之“开道旗”。次有马上抱红绣之球，击以红锦索，掷下于地上，数骑追逐射之，左曰“仰手

表演各种夺刀、劈刺的动作，有数百种，表演以一人弃刀、就地跳起落下、后背着地嘭然出声后结束，这个表演叫“扳落”。像这样陆续表演数十对之后，一个装扮成农家子弟的人上场，他在台上念诵一番，一个装扮成村妇的人上场，他俩见过面，各自拿起棍棒，互相击打碰撞，像在斗殴一样。最后，以扮村夫的人用棒把村妇背着下台为结束。这时后台乐声大作，诸军联袂表演一段杂剧，继而露台弟子出来演出一段杂剧，那时出名的艺人有萧住儿、丁都赛、薛子大、薛子小、杨总惜、崔上寿等人，至于在当时比他们名声低的艺人还有很多，这里就不一一提及了。露台弟子合着乐曲歌舞完毕，诸班直弟子、常入祗候的弟子们献上骑术表演，先由一人空手骑马而出，这叫“引马”。接着一人挥舞着旗帜骑马出场，这叫“开道旗”。接着有人怀抱红绣球骑马上

射”，右曰“合手射”，谓之“拖绣球”。又以柳枝插于地，数骑以划子箭，或弓或弩射之，谓之“蜡柳枝”。又有以十余小旗，遍装轮上而背之出马，谓之“旋风旗”。又有执旗挺立鞍上，谓之“立马”。或以身下马，以手攀鞍而复上，谓之“騗马”。或用手握定镫袴，以身从后鞦来往，谓之“跳马”。忽以身离鞍，屈右脚挂马鬃，左脚在镫，左手把鬃，谓之“献鞍”，又曰“弃鬃背坐”。或以两手握镫袴，以肩着鞍桥，双脚直上，谓之“倒立”。忽掷脚著地，倒拖顺马而走，复跳上马，谓之“拖马”。或留左脚著镫，右脚出镫离鞍，横身在鞍一边，右手捉鞍，左手

场，球上系着一根红锦绳，他把红绣球抛到地上，就有若干人骑马追逐，用箭射球，左手抠拉弓弦发箭的叫“仰手射”，右手抠拉弓弦发箭的叫“合手射”，这种追射表演叫“拖绣球”。接下来，有人上场把柳枝插在地上，然后有几个人骑马上场，他们用划子箭，或用弓、用弩来射向柳枝，这叫“蜡柳枝”。又有一个人把十多面小旗插在风轮上，并背着风轮骑马上场，这叫“旋风旗”。还有骑手手执旗帜挺立在马鞍上，这叫“立马”。有的骑手以身下马，又用手攀住马鞍重新上马，这样叫“騗马”。有的骑手用手握牢镫袴，让身体从马后的绊带处上下，这叫“跳马”。而忽然间身体离开马鞍，屈起右脚挂到马鬃上，左脚仍在镫里，左手抓住马鬃，这样叫“献鞍”，也叫“弃鬃背坐”。有时两手握着镫袴，以肩贴着马鞍，双脚垂直向上伸，这样叫“倒立”。突然

间伸脚着地，人被倒拖着随马而走，又跃上马鞍，这样叫“拖马”。有时左脚踩在马镫里，右脚脱开马镫，人离马鞍，将身体横在马鞍的一边，右手抓住马鞍，左手抓住马鬃，稳住身子伸直一条腿，随着马向前走，这样叫“飞仙膊马”。又有把身体蜷曲在马鞍的一侧，这样叫“镫里藏身”。有人用右臂挟住马鞍，脚着地随马而走，这样叫“赶马”。有人一脚离镫，坠下身子靠着绊带，使自己的手触及地面，这样叫“绰尘”。有人放开马并让马先跑，自己在后面追上，抓住马尾并纵身上马，这样叫“豹子马”。有的人横躺在马鞍上，有的人舞弄着锋利的刀剑翻转，有的人举着重物，有的人耍着大刀、双刀等兵器。马术表演完毕，有数个身穿黄衣的老兵上台来，人们管他们叫“黄院子”，他们手执绣有龙的小旗充当前导，后面跟着的是一百多个骑马的宫女，人们管把鬃，存身直一脚顺马而走，谓之“飞仙膊马”。又存身拳曲在鞍一边，谓之“镫里藏身”。或右臂挟鞍，足著地顺马而走，谓之“赶马”。或出一镫，坠身著鞦，以手向下绰地，谓之“绰尘”。或放令马先走，以身追及，握马尾而上，谓之“豹子马”。或横身鞍上，或轮弄利刃，或重物大刀、双刀百端讫。有黄衣老兵，谓之“黄院子”，数辈执小绣龙旗前导；官监马骑百余，谓之“妙法院女童”，皆妙龄翘楚，结束如男子，短顶头巾，各着杂色锦绣捻金丝番段窄袍，红绿吊敦束带，莫非玉羁金勒，宝镫花鞯，艳色耀日，香风袭人，驰骤至楼前，团转数遭，轻帘鼓声，马

她们叫“妙法院女童”，全都是青春年少的俊美女子，然而装束却如同男子，她们头裹短顶头巾，身着各色锦绣并镶嵌金丝的番缎窄袍，腰束红绿色吊敦束带，马笼头上全是美玉的络头、金制的马嚼子，马镫子上镶了宝石和华美的鞍垫，个个光艳照人，香气袭人，这一队女骑手奔驰到宝津楼前，绕场数圈，随着轻灵的鼓声响起，女骑手中也有出来表演马术的。近侍许畋押队，他发令指挥女骑手们排好队列。鼓声响起，女骑手们一齐跃身

上亦有呈骁艺者。中贵人许畋押队招呼成列，鼓声，一齐掷身下马，一手执弓箭，揽缰子就地，如男子仪，拜舞山呼讫，复听鼓声，蹁马而上。大抵禁庭如男子装者，便随男子礼起居。复驰骤团旋分合阵子讫，分两阵，两两出阵，左右

下马，一手执弓箭，一手揽住缰绳，像男子的礼仪一样，向皇帝跪拜磕头、山呼万岁。礼毕，鼓声再次响起，她们跨马而上。大概宫女凡是装扮成男子一样，就要向别人行男子礼仪吧。这些女骑手上马后又在宝津楼前盘旋绕圈，表演若干队形变化，然后分成两个队列，两两出列，相互配合左右奔驰，在马上挺直脊背射弓箭，用番枪或棍棒在马上交锋，献演骁勇的骑术。完毕后，女骑手们退下场去，乐队又开始奏乐。先在宝津楼前的空地上立起用彩结扎成的小球门，一百多个身穿彩色衣裳的男人入场，他们全都裹着角子向后拳曲的花幞头，有一半的人穿红色锦袄子，另一半人则穿青色锦袄子，腰带束着义襕，脚穿丝鞋，各自骑着配有雕花鞍子、绣花鞍鞯的驴子，分成两队，各有一名队长，队长手里拿着有彩色

使马，直背射弓，使番枪或草棒交马野战，呈骁骑讫，引退，又作乐。先设彩结小球门于殿前。有花装男子百余人，皆裹角子向后拳曲花幞头，半着红，半着青锦袄子，义襴束带，丝鞋，各跨雕鞍花鞯驴子，分为两队，各有朋头一名，各执彩画球杖，谓之“小打”。一朋头用杖击弄球子，如缀，球子方坠地，两朋争占，供与朋头，左朋击球子过门入盂为胜，右朋向前争占，不令入盂，互相追逐，得筹谢恩而退。

图案的球杖，他们表演的节目叫“小打”。由一方队长用球杖击弄球儿，就如连缀一般不落地，球一落地，两个队的人就争相抢夺，杖击给自己的队长那边。左边一队以击球过球门入网为胜，右边一队则向前争抢，不让对方将球射入网中。这样两队争来夺去，最终以所得筹码领取赏赐谢恩而退。之后，黄院子又引出一百多个宫女，这些人的打扮和“小打”那些人类似，只是宫女们用珍珠翠玉装饰、腰束玉带、脚蹬红靴，各自骑着小马，她们表演的节目叫“大打”。她们骑术精湛熟练，疾驰如神，神态轻盈优雅，风姿绰约，人世间是只能在图画中才能见到这优美情景的。宝津楼前的诸军百戏献演就这样结束了。

续有黄院子引出宫监百余，亦如小打者，但加之珠翠装饰，玉带红靴，各跨小马，谓之“大打”。人人乘骑精熟，驰骤如神，雅态轻盈，妍姿绰约，人间但见其图画矣。呈讫。

驾幸射殿射弓

·原文·

驾诣射殿射弓，垛子前列招箭班二十余人，皆长脚幞头，紫绣抹额，紫宽衫，黄义襕，雁翅排立，御箭去则齐声招舞，合而复开，箭中的矣。又一人口衔一银碗，两肩两手共五只，箭来皆能承之。射毕，驾归宴殿。

·译文·

皇帝到射殿去练射箭，二十多个招箭班的军士已在箭垛的前面站好等候，他们都头戴长脚幞头，束着紫色绣花抹额，穿紫色宽衫和黄色大宽袍，分立左右，一字排开，像大雁飞行一般整齐列队。当御箭飞向箭靶时，这些招箭班的军士便齐声呼喊跳跃，他们聚合到一起后又分开返回各自原先的位置上去，此时皇帝射出的箭中了靶子了。有时会有一个人，嘴里叼着一个银碗，两肩、两手分别放一个银碗，一共五个银碗，凡是射向他的箭，他都能用碗来接住。皇帝练习完射箭后，车驾回到宴殿。

池苑内纵人关扑游戏

·原文·

池苑内，除酒家艺人占外，多以彩幕缴络，铺设珍玉、奇玩、匹帛、动使、茶酒器物关扑。有以一笏扑三十笏者。以至车马、地宅、歌姬、舞女，皆约以价而扑之。出九和合，有名者，任大头、快活三之类，余亦不数。池苑所进奉鱼藕果实，宣赐有差。后苑作进小龙船，雕牙缕翠，极尽精巧。随驾艺人池上作场者，宣、政间，张艺多、浑身眼、宋寿香、尹士

·译文·

琼林苑和金明池里，在被酒家、艺人占去的房屋和地盘之外，大多用彩色的帷幕交错连接围起来，人们铺设珍珠玉器、奇异的玩物、丝织品、日常用品、茶酒器具等来进行关扑赌博。甚至有人敢进行一比三十赔率的赌博，各种物品乃至车马、地宅、歌姬、舞女，都可以作价参赌。提供赌具、聚众赌博，最出名的要数任大头、快活三那帮人，其余的人就不一一列出。池苑所进贡的鱼、藕、蔬果等，皇帝赏赐给各位大臣的不尽相同。后苑作所进献的龙船模型，用象牙雕刻、玉石珠翠镶镂装饰，极为精巧。跟随御驾的

安小乐器，李外宁水傀儡，其余莫知其数。池上饮食：水饭、凉水菉豆、螺蛳肉、饶梅花酒，查片、杏片、梅子、香药脆梅、旋切鱼脍、青鱼、盐鸭卵、杂和辣菜之类。池上水教罢，贵家以双缆黑漆平船，紫帷帐，设列家乐游池。宣、政间亦有假赁大小船子，许士庶游赏，其价有差。

一些手工艺人就在琼林苑和金明池里的某些场所献艺。宣和、政和年间，有名气的有张艺多、浑身眼、宋寿香、尹士安演奏小乐器，李外宁表演水傀儡，这样的手艺人还有很多，不一一详述。金明池里酒家常出售下列饮食：水饭、凉水绿豆、螺蛳肉、饶梅花酒、山楂片、杏片、梅子、香药脆梅、现切鱼脍、青鱼、盐鸭蛋、杂和辣菜等。水军在金明池的训练结束后，京城里的富贵人家就会把他们的双缆黑漆平底船驶进来，船上立起紫色的帷帐，带上家里的乐队，全家人坐着船，在池里游玩。宣和、政和年间，池边也有人出租大小游船，那些年里金明池也是对平民百姓开放的，不同的时候租船的费用不一。

·原文·

驾回则御裹小帽，簪花乘马，前后从驾臣僚，百司仪卫，悉赐花。大观初，乘骢马至太和宫前，忽宣小乌，其马至御前拒而不进，左右曰：“此愿封官。”敕赐龙骧将军，然后就辔，盖小乌平日御爱之马也。莫非锦绣盈都，花光满目，御香拂路，广乐喧空，宝骑交驰，彩棚夹路，绮罗珠翠，户户神仙，画阁红楼，家家洞府。游人士庶，车马万数。妓女旧日多乘驴，宣、政间惟乘马，披凉衫，将盖头背系冠子上。少年狎客，往往随后，亦跨马，轻衫小帽。有三五文身恶少年控马，谓之“花褪马”。用短缰促马头，刺地而行，谓之“鞅缰”。呵喝驰骤，竞逞骏逸。游

·译文·

皇帝车驾回宫时，常戴一顶包裹住头部的便帽，帽上插花，骑着御马，大臣、百官们前呼后拥，随行的所有官员、仪仗卫队都赏赐锦花。大观初年，皇帝骑一匹毛色青白相间的马到太和宫前，忽然吩咐把一匹小乌马牵到跟前，那匹马快走到皇帝跟前时，却不肯再往前一步，左右侍从说：“这是想要封个官才肯走。”于是皇帝特赐它为龙骧将军，这马才让人给它戴上嚼子和缰绳，给小乌马封官是由于它是皇帝平日最为心爱的一匹马。那时候，京城里处处锦绣，举目都是风光一片，御街上花香扑鼻，乐声响彻云霄，车骑来来往往，彩棚排满街头巷尾，每户门、窗都垂锦挂珠，户户似天仙的居所，处处画阁红楼，家家如神仙的洞府。游人不论当官的还是平民百姓，车马往来，数以万计。妓女往日

驾回仪卫

人往往以竹竿挑挂终日关扑所得之物而归。仍有贵家士女，小轿插花，不垂帘幕。自三月一日至四月八日闭池，虽风雨亦有游人，略无虚日矣。是月季春，万花烂熳，牡丹、芍药、棣棠、木香，种种上市。卖花者以马头竹蓝铺排，歌叫之声，清奇可听。晴帘静院，晓幕高楼，宿酒未醒，好梦初觉，闻之莫不新愁易感，幽恨悬生，最一时之佳况。诸军出郊，合教阵队。

出门大多骑着驴，宣和、政和年间改为骑马，她们出门时身披凉衫，将披巾放在身后系到冠子上。那些年轻嫖客常穿轻薄衣裳，头戴便帽，骑上一匹马，跟在妓女的后面。路上会有三五个文身的轻浮少年，骑着一种“花褪马”，他们用短缰绳把马头压得很低，贴地而行，这叫“鞅缰”。他们大声呼喊，往来疾驰，比赛谁的马跑得更快。游人中有人用竹竿挑着、挂着关扑一天赢得的物品，兴高采烈地回家。那些富贵人家的妇女坐着小花轿，轿上插着花，帘幕也不放下。金明池从三月一日开放，到农历四月八日闭池，这期间，无论刮风下雨，照样有游客游玩，没有空闲着的情况。三月是季春，鲜花处处盛开，牡丹、芍药、棣棠、木香等各品种的鲜花上市。卖花人用马头竹篮铺成一排，歌唱着叫卖，清奇动听。宁静的庭院，日照垂帘，清晨的阳光照着帷幕、高楼，屋里的人还宿酒未醒，好梦初觉，听到外面清奇动听的叫卖声，无不莫名感伤，幽恨怅惘，这样的境况真是一时佳境。在这个时节，诸军开拔出城，互相配合进行操练。

卷捌

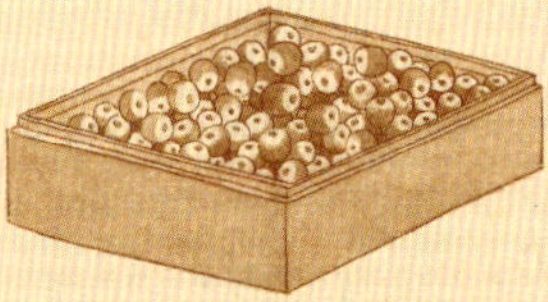

·原文·

四月八日佛生日，十大禅院各有浴沸斋会，煎香药糖水相遗，名曰“浴佛水”。迤逦时光昼永，气序清和。榴花院落，时闻求友之莺；细柳亭轩，乍见引雏之燕。在京七十二户诸正店，初卖煮酒，市井一新。唯州南清风楼最宜夏饮，初尝青杏，乍荐樱桃，时得佳宾，觥酬交作。是月茄瓠初出上市，东华门争先供进，一对可直三五十千者。时果则御桃、李子、金杏、林檎之类。

·译文·

四月八日是释迦牟尼佛的生日。十大佛寺各自举办浴佛斋会，以香药煎糖水赠予宾客，这种糖药水名叫“浴佛水”。从这一日开始，白昼变长，天气暖和。石榴花开满了整个院落，偶尔能听到黄莺求偶的啼叫声；细柳环绕庭轩，偶尔能看到练习飞翔的雏燕。京城最出名的七十二家酒店开始出售今年的新酒，整个市场焕然一新。夏日最适合小酌一杯的是去州城南的清风楼。现在的新杏颜色还有点儿青，樱桃也刚刚上市，偶尔与亲朋好友一起喝几杯，那真是万分惬意的事情。刚上市的茄子与瓠子也只能在东华门集市上买到，每一对值三十千至五十千钱。时令水果则有御桃、李子、金杏、林檎等。

四月八日

端午

·原文·

端午节物：百索、艾花、银样鼓儿花、花巧画扇、香糖果子、粽子、白团、紫苏、菖蒲、木瓜，并皆茸切，以香药相和，用梅红匣子盛裹。自五月一日及端午前一日，卖桃、柳、葵花、蒲叶、佛道艾；次日家家铺陈于门首，与粽子、五色水团、茶酒供养，又钉艾人于门上，士遮递相宴赏。

·译文·

端午节应节的物品有：百索、艾花、银样鼓儿花、花巧画扇、香糖果子、粽子、白团、紫苏、菖蒲、木瓜等，人们将这些物品切成末状，与香药拌在一起，装进梅红色的盒子里。从五月初一到端午节前一日，街市上随处可见叫卖桃枝、柳条、葵花、蒲叶、佛道艾的人。到了端午那天，家家户户将这些东西放在门口，与粽子、五色水团、茶酒一起款待客人，又把艾草扎成的草人钉在门上，城中百姓相互走访。

·原文·

六月六日，州北崔府君生日，多有献送，无盛如此。二十四日，州西灌口二郎生日，最为繁盛。庙在万胜门外一里许，敕赐神保观。二十三日，御前献送后苑作与书艺局等处制造戏玩，如球杖、弹弓、弋射之具，鞍辔、衔勒、樊笼之类，悉皆精巧。作乐迎引至庙，于殿前露台上设乐棚，教坊、钧容直作乐，更互杂剧舞旋。太官局供食，连夜二十四盏，各有节次。至二十四日，夜五更争烧头炉香，有在庙止宿，夜半起以争先者。天晓，诸司及诸行百姓献送甚多。其社火呈于露台之上。所献之物，动以万数。自早呈拽百戏，如上竿、趯弄、跳索、相扑、鼓板、小唱、斗鸡、说诨话、杂扮、商谜、合笙、乔筋骨、乔

·译文·

六月初六是州城北崔府君的生辰，百姓供奉的供品颇多，其他寺观很少这么热闹。二十四日，州城西灌口二郎生日，在当地神庙中最为热闹兴盛。二郎庙在万胜门外一里左右的地方，天子赐名神保观。二十三日，宫内献送后苑作和书艺局等处制作的供游戏玩乐的物品，如球杖、弹弓、弋射器具，以及鞍辔、衔勒、樊笼之类，都十分精巧。由鼓乐前导将这些器物送至庙里，在庙里大殿前露台上搭建一个乐棚，教坊、钧容直（禁军乐队名称）的乐师在里面奏乐，交替上演杂剧、舞蹈。太官局提供二十四种食物，在每天的不同时段供应。至六月二十四日，五更时分便有人来抢着烧头香，有人更是为了争得第一炷香而夜宿寺庙。天色拂晓，各官署及各行各业的百姓都开始争相献

六月六日崔府君生日

二十四日神保观神生日

相扑、浪子杂剧、叫果子、学像生、掉刀、装鬼、砑鼓、牌棒、道术之类，色色有之，至暮呈拽不尽。殿前两幡竿，高数十丈，左则京城所，右则修内司，搭材分占，上竿呈艺解。或竿尖立横木，列于其上，装神鬼，吐烟火，甚危险骇人。至夕而罢。

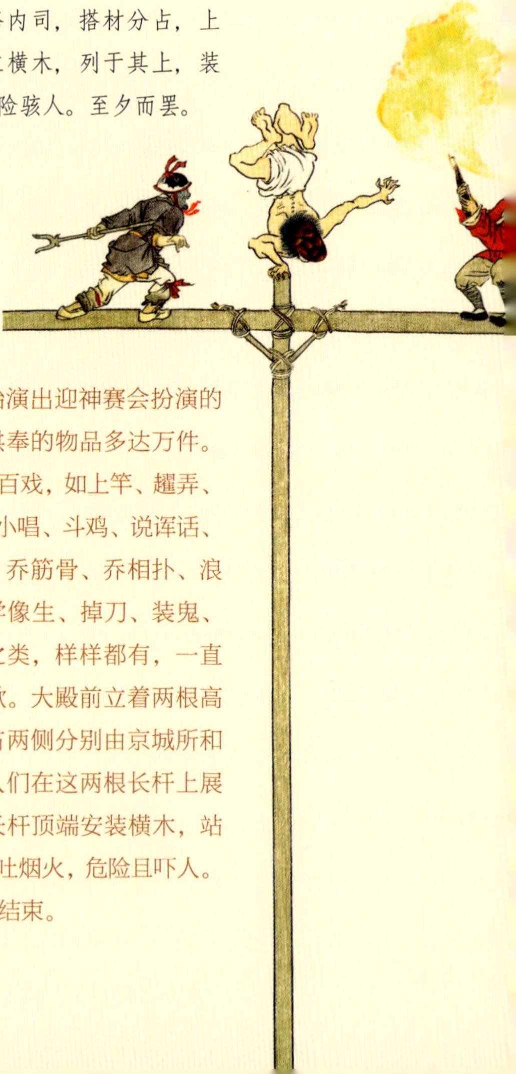

送供品。露台上开始演出迎神赛会扮演的各种杂戏，百姓所供奉的物品多达万件。从早晨便开始上演的百戏，如上竿、趯弄、跳索、相扑、鼓板、小唱、斗鸡、说诨话、杂扮、商谜、合笙、乔筋骨、乔相扑、浪子杂剧、叫果子、学像生、掉刀、装鬼、砑鼓、牌棒、道术之类，样样都有，一直持续到傍晚仍不停歇。大殿前立着两根高数十丈的长杆，左右两侧分别由京城所和修内司出材料，艺人们在这两根长杆上展现才艺。有艺人在长杆顶端安装横木，站在上面装神弄鬼，口吐烟火，危险且吓人。这些活动直到很晚才结束。

是月巷陌杂卖

·原文·

是月时物，巷陌路口，桥门市井，皆卖大小米水饭、炙肉、乾脯、莴苣、笋、芥辣瓜儿、义塘甜瓜、卫州白桃、南京金桃、水鹅梨、金杏、小瑶李子、红菱、沙角儿、药木瓜、水木瓜、冰雪凉水荔枝膏，皆用青布伞当街列床凳堆垛。冰雪惟旧宋门外两家最盛，悉用银器。沙糖菉豆、水晶皂儿、黄冷团子、鸡头穰、冰雪、细料馉饳儿、

·译文·

这个月的应时食物，无论是街头巷尾还是桥头城门的店铺，都在叫卖大小米稀饭、炙肉、肉干、莴苣、笋、芥辣瓜儿、义塘甜瓜、卫州白桃、南京金桃、水鹅梨、金杏、小瑶李子、红菱、沙角儿、药木瓜、水木瓜、冰雪凉水荔枝膏等。叫卖这些食物的都在当街撑开一把青布伞，在伞下支起

麻饮鸡皮、细索凉粉、素签、成串熟林檎、脂麻团子、江豆祸儿、羊肉小馒头、龟儿沙馅之类。都人最重三伏，盖六月中别无时节，往往风亭水榭，峻宇高楼，雪槛冰盘，浮瓜沉李，流杯曲沼，苞鲊新荷，远迩笙歌，通夕而罢。

床凳堆放食物。卖冰雪以旧宋门外的两家店生意最好，它们都以银器装食物。有沙糖绿豆、水晶皂儿、黄冷团子、鸡头穰、冰雪、细料馉饳儿、麻饮鸡皮、细索凉粉、素签、成串熟林檎、脂麻团子、江豆碢儿、羊肉小馒头、龟儿沙馅等食物。京城人最注重三伏天，因六月中没有其他节气了。他们往往在临风面水的亭榭里，或是高高的楼宇中，他们在木柜中盛放冰块，将瓜李浸泡在冰水中；或是沿着溪流玩流杯曲沼的游戏，品尝佳肴、观赏新荷，听远处或近处飘来的歌声，这样的享受常常持续整晚。

七夕

· 原文 ·

七月七夕，潘楼街东宋门外瓦子、州西梁门外瓦子、北门外、南朱雀门外街及马行街内，皆卖磨喝乐，乃小塑土偶耳。悉以雕木彩装栏座，或用红纱碧笼，或饰以金珠牙翠，有一对直数千者。禁中及贵家与士庶为时物追陪。又以黄蜡铸为凫、雁、鸳鸯、鸂鶒、龟、鱼之类，彩画金缕，谓之“水上浮”。又以小板上傅

· 译文 ·

七月初七晚上，潘楼街东宋门外瓦子，州城西梁门外瓦子，北门外、南朱雀门外街以及马行街内，都是卖磨喝乐的。磨喝乐是小巧的泥塑土偶，用木料雕镂再施以彩绘，配上栏杆做成底座安放磨喝乐，或者用红纱碧笼罩住磨喝乐，或者饰以金银珠宝，这样装饰过的磨喝乐一对可值数千钱。皇室贵族与平民百姓都以时令物品作为陪衬。又以黄蜡做成鸭、鹅、鸳鸯、鸂鶒、龟、鱼的形状，施以彩绘金饰，叫作“水上浮”。又在小木板上铺上泥土，种上粟，浇水使之生根发芽，放置小茅屋、花木和农家小人偶在木板上，呈现一派田园风光，这种叫作“谷板”。还有用瓜雕成各种花样，叫作“花瓜”。有人用油、面、糖、蜂蜜做成名叫“笑靥儿”的面食，

土，旋种粟令生苗，置小茅屋花木，作田舍家小人物，皆村落之态，谓之“谷板”。又以瓜雕刻成花样，谓之“花瓜”。又以油面糖蜜造为笑靥儿，谓之“果食”，花样奇巧百端，如捺香方胜之类。若买一斤，数内有一对被介胄者，如门神之像。盖自来风流，不知其从，谓之“果食将军”。又以菉豆、小豆、小麦，于磁器内以水浸之，生芽数寸，以红蓝彩缕束之，谓之“种生”。皆于街心彩幕帐设出络货卖。七夕前三、五日，车马盈市，罗绮满街，旋折未开荷花，都人善假做双头莲，取玩一时，提携而归，路人往往嗟爱。又小儿须买新荷叶执之，盖效颦磨喝乐。儿童辈特地新妆，竞夸鲜丽。至初六日、七日晚，贵家

称为“果食”，花样丰富，造型新奇，有艺人将果食做成捺香方胜之类的形状。如果一次买一斤果食，很有可能其中会有一对门神模样身披铠甲的小人，叫作“果食将军”，不知这一习俗从何而来。还有将绿豆、小豆、小麦，用水浸泡在瓷器里，使其发芽，以红蓝彩色丝线扎起来，这叫“种生”。商贩在街边搭起彩色帐篷，把种生剔除那些红蓝丝线后进行售卖。七夕前的三五日，京城内已经车水马龙，人们都穿着华丽的衣裳，

多结彩楼于庭，谓之“乞巧楼”。铺陈磨喝乐、花瓜、酒炙、笔砚、针线，或儿童裁诗，女郎呈巧，焚香列拜，谓之“乞巧”。妇女望月穿针。或以小蜘蛛安合子内，次日看之，若网圆正，谓之“得巧”。里巷与妓馆，往往列之门首，争以侈靡相向。（元老自注：“磨喝乐，本佛经‘摩睺罗’，今通俗而书之。”）

他们喜欢去摘含苞待放的荷花。京城人擅长制作假的双头莲，拿着把玩一会儿，带回家时路人所见纷纷赞叹不已。小孩都会去买新鲜荷叶拿在手里模仿磨喝乐。七夕那天，小孩子们都特意穿上新衣服，竞相夸耀自己的可爱模样。到了初六、初七晚上，富贵人家大多在院子里扎起彩楼，名叫“乞巧楼”。摆出磨喝乐、花瓜、酒菜、笔砚、针线，或由儿童作诗，或由女孩陈列各自制作的精巧物件，焚香叩拜，这叫“乞巧”。这一晚，妇女们都要对着月亮穿针引线，或将小蜘蛛放进盒子，第二日来看，如果蜘蛛网圆且端正，叫作“得巧”。街巷里的人家和妓院，往往将各种物品摆放在门口，面对面地比谁更奢华。（元老自注：“磨喝乐源于佛经‘摩睺罗’，现将其通俗写成磨喝乐。”）

中元节

·原文·

七月十五日，中元节。先数日，市井卖冥器、靴鞋、幞头、帽子、金犀假带、五彩衣服，以纸糊架子盘游出卖。潘楼并州东西瓦子，亦如七夕，要闹处亦卖果食、种生、花果之类，及印卖《尊胜目连经》。又以竹竿斫成三脚，高三五尺，上织灯窝之状，谓之盂兰盆，挂搭衣服、冥钱在上焚之。勾肆乐人，自过七夕，便般“目连救母”杂剧，直至十五日止，观者增倍。中元前一日，即卖楝叶，享祀时铺衬卓面。又卖麻谷窠儿，亦是系在卓子脚上，乃告祖先秋成之意。又卖鸡冠花，谓之“洗手花”。

·译文·

七月十五是中元节。节前几天，街市上开始售卖明器、靴鞋、幞头、帽子、金犀假带、五彩衣服，挂在纸糊的架子上四处转悠售卖。潘楼与州城东、西的瓦子那一带，气氛宛如七夕节。热闹处有果食、种生、花果之类的食物出售，还有《尊胜目连经》的印刷品。有人将竹竿砍削出三个脚，高三五尺，上端编成灯碗的造型，叫作“盂兰盆”，用于焚烧衣服、冥钱。勾栏肆院自从七夕后便开始演出杂剧“目连救母”，直到七月十五，观众倍增。中元节前一日，有卖楝叶的，祭祀时用于铺满桌面。还有卖麻与谷草编的窠儿，系在桌脚，用来告诉祖先今年丰收的意思。还有卖鸡冠花，意为“洗手花”。七月十五这日，以素食供奉祖先，

十五日供养祖先素食，才明即卖穄米饭，巡门叫卖，亦告成意也。又卖转明菜花、花油饼、馂䭕、沙䭕之类。城外有新坟者，即往拜扫。禁中亦出车马诣道者院谒坟。本院官给祠部十道，设大会，焚钱山，祭军阵亡殁，设孤魂之道场。

天刚亮，便有人挨家挨户叫卖穄米饭，这也是祭告祖先今年丰收的意思。还有卖转明菜花、花油饼、馂䭕、沙䭕之类的食物。新坟在城外的，会前往扫墓祭拜。宫中也派出车马前去道者院祭坟。道者院给祠部十道度牒，举办集会，焚烧纸钱堆叠的钱山，祭奠战争中阵亡的将士，设置道场超度孤魂野鬼。

立秋

·原文·

立秋日，满街卖楸叶，妇女儿童辈皆剪成花样戴之。是月，瓜果梨枣方盛。京师枣有数品：灵枣、牙枣、青州枣、亳州枣。鸡头上市，则梁门里李和家最盛。中贵戚里，取索供卖。内中泛索，金合络绎。士庶买之，一裹十文，用小新荷叶包，糁以麝香，红小索儿系之。卖者虽多，不及李和一色拣银皮子嫩者货之。

·译文·

立秋日，满街都在叫卖楸叶，妇女儿童们都将楸叶剪成各式花样佩戴。此时是瓜果梨枣上市的季节，京城中的枣子有好几个品种：灵枣、牙枣、青州枣、亳州枣。鸡头米（芡实）上市后，以梁门里的李和家生意最好。宫里的内臣宦官与皇室外戚不时索取，李家进奉出售。这家店将鸡头米装入金盒，不断地送入皇宫。百姓买的鸡头米是十文钱一包，用小张荷叶包好，撒一点儿麝香并用红色小绳包裹。出售鸡头米的店铺虽多，但没有一家像李和店铺这样仅仅出售银皮肉嫩的鸡头米。

秋社

·原文·

八月秋社，各以社糕、社酒相赍送贵戚。宫院以猪羊肉、腰子、奶房、肚肺、鸭饼、瓜姜之属，切作棋子片样，滋味调和，铺于饭上，谓之“社饭”，请客供养。人家妇女皆归外家，晚归，即外公、姨、舅皆以新葫芦儿、枣儿为遗，俗云宜良外甥。市学先生预敛诸生钱作社会，以致雇倩、祗应白席、歌唱之人。归时各携花篮、果实、食物、社糕而散。春社、重午、重九亦是如此。

·译文·

八月秋社，人们相互赠送社糕、社酒。宫廷中以猪羊肉、腰子、奶房、肚肺、鸭饼、瓜姜等作为原料，切成棋子大小的片状，加佐料进行烹调，铺在饭上，这就是“社饭”，用来款待客人和作为祭祀的供品。多数妇人都回娘家，晚上回来，外公、姨妈、舅父会用新上市的葫芦、枣儿作为礼物，这是风俗，认为会给外甥送去吉祥。私塾先生会向学生预收一些费用，用来秋社之日举办聚会，雇请祗应人、白席人、歌唱艺人。待聚会散席，学生们各自携带花篮、果实、食物、社糕而归。春社、重午、重九也是如此。

中秋

·原文·

中秋节前，诸店皆卖新酒，重新结络门面彩楼。花头画竿，醉仙锦旆。市人争饮，至午未间，家家无酒，拽下望子。是时螃蟹新出，石榴、榅桲、梨、枣、栗、孛萄、弄色枨橘，皆新上市。中秋夜，贵家结饰台榭，民间争占酒楼玩月。丝篁鼎沸，近内庭居民，夜深遥闻笙竽之声，宛若云外。闾里儿童，连宵嬉戏。夜市骈阗，至于通晓。

·译文·

临近中秋节，各家店铺都卖新酿的酒，并修整门面、重扎门口的彩楼。门口立起顶端装饰彩绘的旗杆，上面画有醉仙的画像。京城人争先前去喝新酒，从五更开市到中午，酒店一刻都没有空闲，以致当酒卖光后，店家只能取下酒旗。这时候正是吃螃蟹的季节，石榴、榅桲、梨、枣、栗子、葡萄、弄色枨橘也都上市了。中秋夜，富贵人家装饰自家的亭台楼榭，而老百姓纷纷跑到酒楼占据好位置赏月，人声喧闹，乐声悠扬，住在皇宫附近的老百姓还能听到宫中传出的丝竹之声，宛若仙乐。街坊小巷里的儿童通宵玩耍。夜市热闹持续到天亮。

·原文·

九月重阳，都下赏菊有数种：其黄白色蕊若莲房曰“万龄菊”，粉红色曰“桃花菊”，白而檀心曰“木香菊”，黄色而圆者曰“金铃菊”，纯白而大者曰“喜容菊”，无处无之。酒家皆以菊花缚成洞户。都人多出郊外登高，如仓王庙、四里桥、愁台、梁王城、砚台、毛驼冈、独乐冈等处宴聚。前一二日，各以粉面蒸糕遗送，上插剪彩小旗，掺饤果实，如石榴子、栗子黄、银杏、松子肉之类。又以粉作狮子、蛮王之状，置于糕上，谓之“狮蛮”。诸禅寺各有斋会，惟开宝寺、仁王寺有狮子会。诸僧皆坐狮子上，作法事讲说，游人最盛。下旬即卖冥衣、靴鞋、席帽、衣段，以十月朔日烧献故也。

·译文·

九月九日重阳节，京城中可观赏的菊花有这些：黄白色而花蕊像莲房的是万龄菊，粉红色的是桃花菊，白色而花蕊是浅红檀木色的叫木香菊，黄色且花呈圆形的是金铃菊，纯白且大朵的叫喜容菊，这些菊花随处可见。酒店喜欢将菊花扎成门户的形状。京城人大都喜欢去郊外登高，在仓王庙、四里桥、愁台、梁王城、砚台、毛驼冈、独乐冈等处聚会。重阳节前一两日，人们用粉面蒸糕互相馈赠，蒸糕上插着各种纸剪的彩色小旗，并点缀各种果实，如石榴子、栗子黄、银杏、松子肉之类。又以面粉制成狮子、蛮王的形状，放在蒸糕上，叫作“狮蛮”。诸禅寺也会举办斋会，而唯独开宝寺、仁王寺有狮子会。众僧坐在狮子座上做法事、讲佛经故事，因此这两寺香客最多。九月下旬市面上即开始售卖冥衣、靴鞋、席帽、衣缎等物，因为十月初一有向已故之人烧献衣物的习俗。

重阳

卷玖

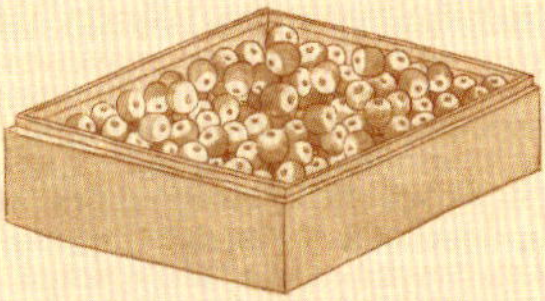

十月一日

·原文·

十月一日，宰臣已下受衣著锦袄。三日，今五日，士庶皆出城飨坟。禁中车马出道者院，及西京朝陵。宗室车马亦如寒食节。有司进暖炉炭。民间皆置酒作暖炉会也。

·译文·

十月初一，皇帝会赏赐衣物、锦袄给宰相以下的百官。十月初三，如今则改在初五这一天，京城百姓都要出城祭祀先人，宫中派出车马送宫里的人到道者院祭奠，以及送皇族到西京祭祀皇陵。送宗室人的程序、车马、礼仪和规模都与寒食节时类似。官府会向宫中进贡暖炉使用的木炭，百姓人家会邀请亲朋好友一起围在火炉边宴饮。

天宁节

·原文·

初十日天宁节。前一月，教坊集诸妓阅乐。初八日，枢密院率修武郎以上；初十日，尚书省宰执率宣教郎以上，并诣相国寺罢散祝圣斋筵，次赴尚书省都厅赐宴。

·译文·

十月初十是天宁节，节前一个月，教坊就召集所有的歌妓，审查、排练和预演天宁节的演出。十月初八，枢密院率领修武郎以上的官员到相国寺来准备。十月初十，尚书省的宰相和执政率领宣教郎以上的官员到相国寺，恭敬地等待给圣上祷祝的斋事结束，再回到尚书省都厅参加皇帝赐的宴席。

宰执亲王宗室百官入内上寿

·原文·

十二日，宰执、亲王、宗室、百官入内上寿大起居。搢笏舞蹈。乐未作，集英殿山楼上，教坊乐人效百禽鸣，内外肃然，止闻半空和鸣，若鸾凤翔集。百官以下谢坐讫，宰执、禁从、亲王、宗室、观察使已上，并大辽、高丽、夏国使副，坐于殿上。诸卿少百官，诸国中节使人，坐两廊。军校以下，排在山楼之后。皆以红面青墩黑漆矮偏钉，每份列环饼、油饼、枣塔为看盘，次列果子。惟大辽加之猪、羊、鸡、鹅、兔连骨熟肉为看盘，皆以小绳束之。又生葱、韭、蒜、醋各一碟。三五人共列浆

·译文·

十月十二日，宰相、执政、亲王、宗室成员及文武百官入宫觐见皇帝，并为皇帝祝寿。百官手执笏板，跪拜磕头。朝见时不能奏乐，集英殿的彩楼上聚集着教坊的演奏艺人们，他们模仿百鸟鸣叫，宫廷内外一片肃静，只听到半空中传来的百鸟和鸣之声，让人感觉仿佛是鸾鸟与凤凰齐聚在宫中。文武百官们贺寿完毕坐下，宰相、执政、禁从、亲王、宗室成员、观察使以上，及大辽、高丽、夏国的正副使臣，都被安排坐到大殿上。各卿监的正副长官、百官，及各国使臣的随行人员被安排坐在殿下两边走廊上。军、校级及以下人员排列在彩楼后面。所有人都是红色面子、青色墩子、黑漆矮桌子，每桌摆放着环饼、油饼、枣塔等糕点果品，其次还摆放有各种水果。只有辽国使臣这桌摆放猪、羊、鸡、鹅、兔肉，

水一桶，立杓数枚。教坊色长二人，在殿上栏杆边，皆诨裹宽紫袍，金带义襕，看盏。斟御酒，看盏者举其袖唱引曰：“绥御酒”，声绝，拂双袖于栏干而止。宰臣酒，则曰：“绥酒”，如前。教坊乐部列于山楼下彩棚中，皆裹长脚幞头，随逐部服紫、绯、绿三色宽衫，黄义襕，镀金凹面腰带，前列拍板，十串一行，次一色画面琵琶五十面，次列箜篌两座。箜篌高三尺许，形如半边木梳，黑漆镂花金装画。下有台座，张二十五弦，一人跪而交手擘之。以次高架大鼓二面，彩画花地金龙，击鼓人背结宽袖，别套黄窄袖，垂结带，金裹鼓棒，

并且是带骨的熟肉，全都用小绳系扎。每桌还摆了生葱、韭、蒜、醋各一碟，三五个人共用一桶浆水，桶内放几个杓。有两个教坊的色长，站在殿上栏杆旁边，都裹着头巾，身穿宽大紫色袍子，金色的腰带束着义襕，向各桌劝酒。尚书给皇帝斟酒时，看盏的色长马上举起双袖并高声吟唱道：“绥御酒！”吟唱完，甩动双袖拂到栏杆上。给宰相大臣斟酒时，

两手高举互击，宛若流星。后有羯鼓两座，如寻常番鼓子，置之小桌子上，两手皆执杖击之，杖鼓应焉。次列铁石方响，明金彩画架子，双垂流苏。次列箫、笙、埙、篪、觱篥、龙笛之类。两旁对列杖鼓二百面，皆长脚幞头、紫绣抹额、背系紫宽衫、黄窄袖、结带黄义襕。诸杂剧色皆诨裹，各服本色紫、绯、绿宽衫，义襕，镀金带。自殿陛对立，直至乐棚。每遇舞者入场，则排立者叉手，举左右肩，动足应拍，一齐群舞，谓之“挼曲子”。

第一盏御酒，歌板色一名，唱中腔一遍讫，先笙与箫笛各一管和，又一遍，众乐齐举，独闻歌者之声。宰臣酒，乐部起倾杯。

则只吟唱“绥酒”两个字，举袖和拂袖的动作跟给皇帝斟酒时一样。教坊的乐队在集英殿山楼下的彩棚里排列整齐，艺人们头戴长脚幞头，依照所在部门的颜色而分别穿着紫、绯红、绿三色宽衫，外面罩着凹面镀金腰带束着的黄色义襕，最前一排的人手执拍板，由十个执拍板的人组成一排，后面一排是五十个弹奏琵琶的人，琵琶表面绘有彩画，再后面是两个表演箜篌的人，箜篌高约三尺，形状像半边木梳，黑漆底色，雕刻着花纹还绘有精美的图画，下面有个台座固定，箜篌共有二十五根弦，演奏的人跪着用双手交互弹拨琴弦。另外高高的鼓架上安放了两面大鼓，鼓身上彩绘有花纹，描有金龙。击鼓人身穿背后结带的宽袖衫，外套黄色窄袖衫，腰间垂着丝带，鼓槌裹有金箔，两手高举着交替击鼓，击鼓的动作像流星一般迅速。大鼓的后面是羯鼓两座，形状与通常的番鼓子相似，放在小桌子上，鼓手两手各执鼓槌击鼓，羯鼓的节奏和

百官酒，三台舞旋，多是雷中庆。其余乐人舞者诨裹宽衫，唯中庆有官，故展裹。舞曲破、撷前一遍，舞者入场，至歇拍，续一人入场，对舞数拍，前舞者退，独后舞

大鼓的节奏呼应。羯鼓后面又排列着铁料、石料做的打击乐器方响，悬挂在金色绘有彩画的架子上，架子两边垂挂有流苏。方响的后面排列着箫、笙、埙、篪、觱篥、龙笛之类的乐器。乐队两边对列二百面杖鼓，杖鼓手都头戴长脚幞头，束着紫色绣花抹额，身穿背后结带的紫色宽衫，外套黄色窄袖衫、腰带束着的黄色义襕。各杂剧艺人头戴诨裹，身穿各自剧目所需的紫、绯红、绿色宽衫，还有义襕和镀金腰带，在御殿前石阶两两相对而立，一直排列到集英殿下的乐棚。每有一拨歌舞人上场，排列着的人就把两手叉在胸前，耸动左右肩，双脚踏地打着节拍，一起舞动起来，这叫“掇曲子”。

斟第一盏御酒时，先由一个歌板色艺人演唱一遍中腔，

者终其曲，谓之“舞末”。

第二盏御酒，歌板色唱如前。宰臣酒，慢曲子。百官酒，三台舞如前。

第三盏，左、右军百戏入场，一时呈拽。所谓左、右军，乃京师坊市两厢也，非诸军之军。百戏乃上竿、跳索、倒立、折腰、弄盌注、踢瓶、筋斗、擎戴之类，即不用狮、豹、大旗、神、鬼也。艺人或男或女皆红巾彩服。殿前自有石镌柱窠，百戏入场，旋立其戏竿。凡御宴至第三盏，方有下酒二肉、咸豉、爆肉，双下驼峰角子。

并由笙、箫和笛伴奏，接着她唱另一遍，这时各种乐器一齐奏起为她伴奏，然而却只能听到演唱者嘹亮的歌声。斟宰相酒时，乐队齐奏《倾杯乐》这首曲子。到了斟百官酒时，舞者随乐队演奏的《三台》曲调起舞，舞蹈艺人大多是经过雷中庆训练的。乐手和舞蹈艺人全都头戴诨裹、身穿宽衫，只有雷中庆有官职，穿着朝服。乐队演奏舞曲到破、撷前一遍的时候，又一批舞蹈演员入场了，这批舞者一直跳到歇拍结束。下一批舞蹈演员接着入场，他们对舞几个节拍之后，先入场的退出舞台，后入场的舞者一直跳到乐曲结束，这叫“舞末”。

斟第二盏御酒时，歌板色艺人唱的曲子与第一杯御酒时相同。斟宰相第二杯酒时，演奏的是舒缓的曲子。斟百官第二杯酒和第一杯酒时的《三台》舞曲一样。

第四盏如上仪、舞毕，发诨子，参军色执竹竿拂子，念致语口号，诸杂剧色打和，再作语，勾合大曲舞。下酒楂：炙子骨头、索粉、白肉胡饼。

斟第三盏御酒时，左、右军上场表演百戏。这里的“左、右军”指的是京城两厢的军士，而不是指禁军的诸军。表演的百戏有爬竿、跳索、倒立、折腰、耍弄碗注、踢瓶、筋斗、擎戴等，不表演装扮狮豹、舞大旗、装神弄鬼之类的节目。表演百戏的艺人不论男女，全都头裹红巾、身穿鲜艳的衣服。利用殿前原本就有的石镌柱坑，百戏艺人们一出场就把戏竿立起来。到斟第三杯御酒时，各桌才开始上下酒的菜肴，有肉、咸豉、爆肉、双下驼峰角子等。

斟第四盏御酒时，仪式与前面相同，待舞蹈演员跳完，开始表演滑稽节目，参军色手拿竹竿、拂尘上场，念唱颂辞朗，诵颂诗，各个杂剧色在旁边应和，参军色再次念唱颂辞，随着乐队演奏的大曲起舞。此时送上盛放下酒菜肴的盒盘，有炙子骨头、索粉、白肉胡饼。

第五盏御酒，独弹琵琶。宰臣酒，独打方响。凡独奏乐，并乐人谢恩讫，上殿奏之。百官酒，乐部起三台舞，如前毕。参军色执竹竿子作语，勾小儿队舞。小儿各选年十二三者二百余人，列四行，每行队头一名，四人簇拥，并小隐士帽，著绯、绿、紫、青生色花衫，

斟第五盏御酒时，只弹奏琵琶。斟宰相第五杯酒时，只击打方响。每个单独奏乐结束，独奏的乐人向皇帝谢恩完毕，立即有内侍上殿向皇帝禀报。斟百官第五杯酒时，乐队演奏《三台》舞曲，舞者表演舞蹈和前面一样。表演结束后，参军色手拿竹竿上前念唱致辞，招引小儿队表演舞蹈。小儿队有年龄在十二三岁的儿童二百余人，排成四行，每行有一名队长，队长由四个小孩簇拥着，所有的小孩都头戴小隐士帽，身穿绯红、绿、紫、青等颜色鲜艳的花衫，衣领四面开叉，穿着义襴，束着腰带，手拿花枝，按秩序排队。这时，四个头裹卷脚幞头、身穿紫衫的艺人，手捧一块彩色垫子，垫子里贴着金色字牌，随着擂鼓声进场，这叫“队名”。金色字牌上有一副对联：“九韶翔彩凤，八佾舞青鸾”。乐队开始奏乐，小儿队踏着舞步向前走，一直走到殿前石阶，向

上领四契，义襕束带，各执花枝排定。先有四人裹卷脚幞头紫衫者擎一彩垫子，内金贴字牌，擂鼓而进，谓之“队名”，牌上有一联，谓如“九韶翔彩凤，八佾舞青鸾”之句。乐部举乐，小儿舞步进前，直叩殿陛。参军色作语问，小儿班首近前进口号，杂剧人皆打和毕，乐作，群舞合唱，且舞且唱，又唱破子毕，小儿班首入进致语，勾杂剧入场，一场两段。是时教坊杂剧色鳖膨、刘乔、侯伯朝、孟景初、王颜喜而下，皆使副也。内殿杂戏，为有使人预宴，不敢深作谐谑，惟用群队装其似像市语，谓之“拽串”。杂戏毕，参军色作语，放小儿队，又群舞《应天长》曲子出场。

殿上的皇帝叩头。参军色向小儿队发问，小儿队的队长就向前致颂诗，杂剧艺人在一旁应和，这些结束之后，乐队奏乐，所有艺人开始起舞并合唱，一边跳舞一边歌唱，又等到唱“破子”结束时，小儿队的队长向前致颂辞，并引领着杂剧艺人入场演出，杂剧艺人表演分为两个段落。当时一些名演员如鳖膨、刘乔、侯伯朝、孟景初、王颜喜等，都晋升为教坊使或副使了。内殿演出的杂戏，因为有各国使臣到场，杂剧艺人在场上都不敢过分戏谑逗唱，只是全队装腔作势地说些市井间的俏皮话，这种演出叫作“拽串”。杂剧演出结束后，参军色又上场致辞，又导引小儿队上场群舞《应天长》这首曲子。表演结束后，各桌送上新的下酒菜肴，有群仙炙、天花饼、太平毕罗、乾饭、缕肉羹、莲花肉饼等。皇帝起身离座，稍事休息，百官们都退出殿门，到幕帐里歇息。片刻后，百官再下酒：群仙炙、天花饼、太平毕罗、乾饭、缕肉羹、莲花肉饼。驾兴，歇座。百官退出殿门幕次。须臾追班起居再坐。

第六盏御酒，笙起慢曲子。宰臣酒，慢曲子；百官酒，三台舞。左、右军筑球，殿前旋立球门，约高三丈许，杂彩结络，留门一尺许。左军球头苏述，长脚幞头，红锦袄，余皆卷脚幞头，亦红锦袄，十余人。右军球头孟宣，并十余人，皆青锦衣。乐部哨笛杖鼓断送。左军先以球团转，众小筑数遭，有一对次球头，小筑数下，待其端正，即供球与球头，打大膁过球门。右军承得球，复团转，众小筑数遭，次球头亦依前供球与球头，以大膁打过，或有即便

按位次朝见皇帝，然后才敢重新入座。

斟第六盏御酒时，笙奏起舒缓的慢曲子。斟宰相第六杯酒时也演奏慢曲子。斟百官第六杯酒时，乐部奏的是《三台》，舞者随乐起舞。舞毕，左、右军到场上来表演球赛，殿前很快便立起球门，球门有三丈多高，五色彩络连接成球网，球门一尺多宽。左军球队队长是苏述，他头戴长脚幞头，穿红锦袄，队员们则头戴卷脚幞头，也都穿红锦袄，一共十余人。右军球队队长是孟宣，队员也有十余人，都穿青色锦衣。乐队吹起哨笛，敲起杖鼓送两队队员入场。球赛开始后，球在左军队员之间传递，众球手互传数次，传到两个副队长之间，他们俩轻缓地略击数下，将球停稳，就再传给队长，队长击球过中门入网，左军领先。轮到右军得球，他们也相互传球，轻缓地略击数次，副队长也按之前左军的打法把球传给队长，队长用同样的技法把球送过球门中部，两队击球

复过者胜。胜者赐以银盌锦彩，拜舞谢恩，以赐锦共披而拜也。不胜者球头吃鞭，仍加抹跄。下酒：假鼋鱼，蜜浮酥捺花。

第七盏御酒，慢曲子。宰臣酒，皆慢曲子。百官酒，三台舞讫，参军色作语，勾女童队入场。女童皆选两军妙龄容艳过人者四百余人，或戴花冠，或仙人髻，鸦霞之服，或卷曲花脚幞头，四契红黄生色销金锦绣之衣，结束不常，莫不一时新妆，曲尽其妙。杖子头四人，皆裹曲脚向后指天幞头，簪花，红黄宽袖衫、义襕，执银裹头杖子。皆都城角者，当时乃陈奴哥、俎姐哥、李伴奴、双奴，余不足数。亦每名四人簇拥，多作仙童丫髻仙裳，执花舞步，

按进球门次数多者为胜。获胜的队会得到御赐的银杯、彩色锦缎，球员们向皇帝叩拜谢恩，在叩拜时，他们会把那匹锦缎摊开一起披着而拜谢。输球那队的队长要受鞭打的惩罚，而且要用色粉把脸涂花。这时送上的下酒菜肴是假鼋鱼和蜜浮酥捺花。

斟第七盏御酒时，演奏舒缓的慢曲子。斟宰相第七杯酒时同样也奏慢曲子。斟百官第七杯酒时仍然演奏《三台》，舞者随乐起舞，舞毕，参军色上前致辞，引导女童队入场。女童队的队员都是左、右军中年轻漂亮的，有四百多人，她们有的头戴花冠，有的梳着仙人髻，她们身穿黑色的轻柔艳丽的舞衣，有的头戴卷曲花脚幞头，身穿四边开叉、红黄相间、鲜艳亮丽、镶嵌金线的锦绣衣裳，装束不同寻常，都是最时新的服装，曲尽其妙。杖子队有四个领队，都头戴曲脚向后指天幞头，上面插着花，身穿红黄色宽袖衫、义襕，手拿银裹头的杖子。这四个领队都是京城里

的名角，她们是陈奴哥、俎姐哥、李伴奴、双奴，其他女童不在这里一一叙述。杖子队领队也由四个队员簇拥，他们梳仙童丫髻，身穿仙女样式的衣裳，手执花朵，踏着舞步，排成一列前进。当他们跳《采莲曲》时，殿前女童们就会排列成莲花状，大殿四周栏杆上也显出杖子队的队名。参军色致辞、问队，于是杖子队队长就上前颂诗，边舞边唱。乐队演奏《采莲曲》完毕，艺人们一起跳起舞来，同时唱中腔。待中腔唱完后，又有一个女童出来致辞，引导杂戏艺人入场，杂戏表演前后两段。杂戏演完后，参军色又出来致辞，引导女童队上场，女童队合唱曲子，踏着舞步退场。和小儿队相比，女童队演出的节目在内容上增加了许多。与此同时，新的下酒菜肴又送到各桌上：排炊羊、胡饼、炙金肠。

斟第八盏御酒时，一名歌板色演员上场演唱《踏歌》。斟宰相第八杯酒时仍是演奏慢曲子。斟百官第八杯酒时，乐队仍演奏

进前成列。或舞《采莲》，则殿前皆列莲花。槛曲亦进队名。参军色作语问队，杖子头者进口号，且舞且唱。乐部断送《采莲》讫，曲终，复群舞，唱中腔毕，女童进致语，勾杂戏入场，亦一场两段讫，参军色作语，放女童队，又群唱曲子，舞步出场。比之小儿，节次增多矣。下酒：排炊羊、胡饼、炙金肠。

《三台》，舞者随乐起舞。乐队间或演奏一些曲破，舞者也随之跳舞。这时送往各桌的下酒菜肴有假沙鱼、独下馒头、肚羹。

斟第九盏御酒时，乐队演奏慢曲子。斟宰相第九杯酒时，乐队仍是演奏慢曲子。斟百官第九杯酒时，乐队仍是像前面那样演奏《三台》，舞者如前伴舞。左、右军的相扑队也到场上来表演。这时送上各桌的下酒菜肴是稀饭、堆叠在食具中的食物。随后，皇帝起驾回宫，祝寿仪式结束。

祝寿御宴上使用的酒盏，都有曲柄像菜碗一样，同时还有手把。殿上用的酒盏都是纯金的，两廊用的酒盏都是纯银的。食器则是镀金或镀银的铜制漆器碗碟等。御宴结束后，群臣百官都在官帽簪上赐予的花朵回归私宅，在前呵斥开道的随从们也都被赐簪花，还能从官库领到赏钱。各女童队从右掖门出宫，京城里英俊少年争先恐后地用珍贵的器具奉上各色饮食酒果，迎接她们归第八盏御酒，歌板色一名唱踏歌。宰臣酒，慢曲子。百官酒，三台舞。合曲破舞旋。下酒：假沙鱼、独下馒头、肚羹。

第九盏御酒，慢曲子。宰臣酒，慢曲子。百官酒，三台舞。曲如前。左、右军相扑。下酒：水饭、簇饤下饭。驾兴。

御筵酒盏，皆屈卮如菜盌样，而有手把子。殿上纯金，廊下纯银。食器，金银錂、碗漆碟也。宴退，臣僚皆簪花归私第，呵引从人皆簪花并破官钱。诸女童队出右掖门，少年豪俊争以宝具供送饮食酒果迎接，各乘骏骑而归。或花冠，或作男子结束，自御街驰骤，竞逞华丽，观者如堵。省宴亦如此。

来。女童们回来时都骑着骏马，她们有些戴着花冠，有些穿着男子装束，在御街上驰骋，竞相展现自己的俏丽。沿路围观的人堵塞道路。省试发榜后，皇帝给及第的士子们赐宴，结束后也是这样众人围观。

立冬

·原文·

是月立冬。前五日，西御园进冬菜。京师地寒，冬月无蔬菜，上至宫禁，下及民间，一时收藏，以充一冬食用。于是车载马驼，充塞道路。时物：姜豉、折子、红丝、末脏、鹅梨、榅桲、蛤蜊、螃蟹。

·译文·

十月立冬。立冬前五天，西御园向宫内进献冬季蔬菜，京城地处寒带，冬季没有新鲜蔬菜，上至宫廷，下至平民百姓，都需要收藏冬菜，以备整个冬天食用。到了贮存冬菜的时候，从菜园里往外输送要用车和牲口来驮运，人来人往，堵塞交通。时令食物有姜、豆豉、薄肉片、红丝、末脏、鹅梨、榅桲、蛤蜊、螃蟹。

卷拾

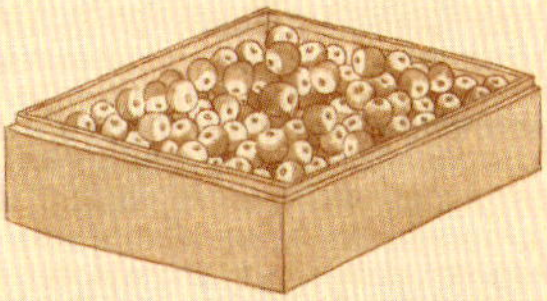

冬至

·原文·

十一月冬至。京师最重此节，虽至贫者，一年之间，积累假借，至此日更易新衣，备办饮食，享祀先祖。官放关扑，庆贺往来，一如年节。

·译文·

冬至在十一月，京城中人非常看重这个节气，即便是非常贫困的人家，一年下来也要省吃俭用攒些钱，甚至跟别人借贷，到这一天也要穿上件新衣，准备一些好吃的，用供品祭祀祖先。这一天，官府允许百姓玩关扑，人们忙于庆贺、来往应酬，像过年一样热闹。

大礼预教车象

·原文·

遇大礼年，预于两月前教车象。自宣德门至南薰门外，往来一遭。车五乘，以代五辂轻重。每车上置旗二口，鼓一面，驾以四马。挟车卫士皆紫衫帽子。车前数人击鞭。象七头。前列朱旗数十面，铜锣鼙鼓十数面。先击锣二下，鼓急应三下。执旗人紫衫帽子。每一象则一人裹交脚幞头，紫衫人跨其颈，手执短柄铜镢，尖其刃，象有不驯，击之。象至宣德楼前，团转行步数遭成列，使之面北而拜，亦能唱喏。诸戚里、宗室、贵族之家，勾呼就私第观看，赠之银彩无虚日。御街游人嬉集，观者如织。卖扑土木粉捏小象儿，并纸画，看人携归，以为献遗。

·译文·

每逢朝廷准备举行某种大典，在大典前的两个月就要训练驾车的大象。从宣德门一直走到南薰门外，每天往返一次，接受训练的车有五辆，以象征天子的五辂。每辆车上竖起两面旗、设一面鼓，四匹马驾着车。头戴紫帽、身穿紫衫的卫士护卫着车子，车子前方有数人击鞭驾车。参与训练的大象有七头，大象的前方排列着几十面红旗、十几面铜锣和鼙鼓。行进训练开始时先击锣两下，鼙鼓急促应和三下。举旗子的人也头戴紫帽、身穿紫衫。每一头象的颈上都骑着一个头裹交脚幞头、身穿紫衫的人，这个人手中拿着短柄的铜镢头，镢头的刃磨得很锋利，大象不听话的时候，他就用铜镢头刺它一下。每头象走到宣德楼前的时候，要围着楼转几圈再排成队列，驯象人指挥它们

向北而拜，大象也能作揖、点头。外戚、宗室和贵族人家还会招呼车象队伍到他们的府邸去，观看大象的表演，驯象人还能得到赏银锦帛，一天也不间断。御街上人们嬉戏游玩聚在一起，人山人海。那些搞卖扑的人就用泥土、木头或粉做成小象，还有在纸上画象的，也在街上卖，观者买了这些小玩意儿带回家作为礼物送人。

车驾宿大庆殿

·原文·

冬至前三日，驾宿大庆殿。殿庭广阔，可容数万人。尽列法驾仪仗于庭，不能周偏。有两楼对峙，谓之“钟鼓楼”。上有太史局生测验刻漏。每时刻作鸡唱，鸣鼓一下，则一服绿者执牙牌而奏之，每刻曰“某时几棒鼓”，一时则曰“某时正”。宰执百官，皆服法服，其头冠各有品从。宰、执、亲王加貂蝉笼巾九梁，从官七梁，余六梁至二梁有差。台谏增獬角也。所谓“梁”者，谓冠前额梁上排金铜叶也。皆绛袍皂缘，方心曲领，中单，环佩，云头履鞋。随官品执笏。余执事人，皆介帻绯袍，亦有等差。惟阁门御史台加方心曲领尔。入殿祇应人给

·译文·

冬至前三天，天子便夜宿大庆殿。殿庭广阔，可以容下数万人。将所有法驾仪仗列于庭院内，也仍有空地。庭院中有两座楼对峙，叫“钟鼓楼”，楼上有太史局官员检验刻漏，每到“时”“刻”便作鸡鸣声，敲一下鼓，一位手执牙牌的绿衣官员便会高声报告时间。每到一刻，奏称“某时几棒鼓”，每到一时奏称“某时正”。宰相执政和百官皆穿法服，头戴的冠冕也各有品级。宰相、执政、亲王戴貂蝉冠，冠上有九梁，侍从官则有七梁，其余从六梁至二梁不等。御史台谏官的冠上还饰有獬角。所谓的“梁”，指的是冠帽前额梁上排列的金铜叶。所有官员皆身着镶了黑边的绛红色袍服，袍服方心圆领，内穿单衣，腰间系环佩，身

黄方号，余黄长号、绯方长号，各有所至去处。仪仗车辂，谓信幡、龙旗、相风乌、指南车、木辂、象辂、革辂、金辂、玉辂之类。自有《三礼图》可见，更不缕缕。排列殿门内外及御街，远近禁卫、全装铁骑，数万围绕大内。是夜内殿仪卫之外，又有裹锦缘小帽、锦络缝宽衫兵士，各执银裹头黑漆杖子，谓之“喝探”。兵士十余人作一队，聚首而立，凡数十队。各一名喝曰：“是与不是？”众曰：“是。”又曰：“是甚人？”众曰：“殿前都指挥使高俅。”更互喝叫不停。或如鸡叫。又置警场于宣德门外，谓之“武

着云头纹鞋。官品不同，手执不同的笏板。其他当差的人，一律头裹介帻，身着绯红色袍服，也有等级差别。只有阁门、御史台才穿方心圆领的袍子。入殿当差的人手持黄色方形号牌，其余当差之人手持黄色长形号牌、绯红色长形号牌，按号牌去不同的地方当差。仪仗车辂，指信幡、龙旗、相风乌、指南车、木辂、象辂、革辂、金辂、玉辂之类，《三礼图》中写得很详细，此处不作详尽记述。排列在大庆殿内外与御街的禁卫军全副武装，数万铁骑部署在皇宫周围。当夜，除了内殿仪卫之外，还有头戴镶嵌织锦边小帽、身着锦络缝制的宽衫的士兵，手拿银裹头黑漆杖子，称为“喝探”。十余人为一队，聚集在一起，共有数十队。每队有一人大喊：“是与不是？”众人答：“是。”那人

严兵士”。画鼓二百面，角称之。其角皆以彩帛如小旗脚装结其上。兵士皆小帽，黄绣抹额，黄绣宽衫，青窄衬衫。日晡时、三更时，各奏严也。每奏先鸣角，角罢，一军校执一长软藤条，上系朱拂子，擂鼓者观拂子，随其高低，以鼓声应其高下也。

又问：“是什么人？”答：“殿前都指挥使高俅。”各队轮流问个不停。有些人声音像鸡鸣。又在宣德门外设置警场，称为“武严兵士”。警场放了两百面鼓，配有两百个号角，以彩帛做成旗尾系在号角上。士兵头戴小帽，裹着黄色刺绣抹额，身着黄色刺绣宽衫，内着青色窄衬衫。日晡（下午三点到五点）时、夜里三更时，分别奏乐击鼓。每次奏乐前先鸣号角，号角吹过，一军校手执一条长软藤条，上面系着朱红色拂尘，击鼓者随着拂尘的或高或低来控制鼓声的高低。

驾行仪卫

· 原文 ·

次日五更，摄大宗伯执牌奏中严外办，铁骑前导番衮，自三更时相续而行。象七头，各以文锦被其身，金莲花座安其背，金辔笼络其脑，锦衣人跨其颈，次第高旗大扇，画戟长矛，五色介胄。跨马之士，或小帽锦绣抹额者，或黑漆圆顶幞头者，或以皮如兜鍪者，或漆皮如戽斗而笼巾者，或衣红黄罨画锦绣之服者，或衣纯青纯皂以至鞋袴皆青黑者，或裹交脚幞头者，或以锦为绳如蛇而绕系其身者，或数十人唱引持大旗而过者，或执大斧者，挎剑者，执锐牌者，持镫棒者，或持竿上悬豹尾者，或持短杵者。其矛戟皆缀五色结带铜铎，其旗扇皆画以龙，

· 译文 ·

第二天五更时分，摄大宗伯手持牙牌向天子启奏，已在中庭戒严、宫外警卫已布置好。铁骑为前导，自三更时分依次出发。七头大象分别身披花纹图案的锦缎，象背上安放了金莲花座，金辔缠绕在象脑上，锦衣人骑着大象。接着是大旗帜与硕大的扇子，彩绘的戟与长矛，身披五色介胄的武士。骑马的武士，有头戴小帽、裹着锦绣抹额的，有戴着黑漆皮圆顶幞头的，有戴着皮制的兜鍪状的帽子的，有戴着漆皮制作的状如戽斗或貂蝉冠的，有身穿红、黄色鲜明绘画的锦绣衣服的，有身着纯青、纯黑色衣服以至于鞋、裤都是纯黑、纯青色的，有戴交脚幞头的，有把锦缎拧成绳索像蛇一样缠绕全身的。有几十个人唱着小曲手执大旗走过，有手执大斧的，有腰

或虎，或云彩，或山河。又有旗高五丈，谓之“次黄龙”。驾诣太庙青城，并先到立。斋宫前叉竿舍索旗座约百余人，或有交脚幞头、挎剑、足靴如四直使者千百数，不可名状。余诸司祗应人，皆锦袄。诸班直、亲从、亲事官，皆帽子、

挎利剑的，有拿着锐牌的，有持镫棒的，有手持悬挂着豹尾的长杆的，有手持短杵的。矛戟上缀着五色结带铜铎，旗扇上皆画着龙、虎、云彩、山河等图案。又有一面旗高五丈，称为“次黄龙”。天子御驾前往太庙，“次黄龙”应早于御驾到来之前就树立在斋宫门口。斋宫前有一百多人来立这面大旗，又有头戴交脚幞头、腰间挎剑、足蹬靴子的四直使者千百余人，说不清楚到底是做什么。还有各官署当差的人，都身穿锦袄。各班直、亲从、亲事官，都头戴帽子、结带、身着红锦袍，有的红罗袍上有紫团答戏狮子，或后襟短的打甲背子，他们都拿着天子的日常应用之物。御龙直军士都头戴珍珠结络短顶头巾，身着紫杂色小花绣衫，金束带、看带、穿丝鞋。天武军官都头戴朱红

结带、红锦，或红罗上紫团答戏狮子、短后打甲背子，执御从物。御龙直皆真珠结络、短顶头巾、紫上杂色小花绣衫、金束带、看带、丝鞋。天武官皆顶朱漆金装笠子、红上团花背子。三衙并带御器械官皆小帽、背子或紫绣战袍，跨马前导。千乘万骑，出宣德门，由景灵宫太庙。

漆金装斗笠，身穿红色团花背子。三衙及带御器械官员都头戴小帽，穿背子或紫绣战袍，骑马为前导。浩浩荡荡的大部队出宣德门，前往景灵宫太庙。

驾宿太庙奉神主出室

·原文·

驾乘玉辂，冠服如图画间星官之服，头冠皆北珠装结，顶通天冠，又谓之卷云冠，服绛袍，执元圭。其玉辂顶皆缕金大莲叶攒簇，四柱栏槛缕玉盘花龙凤，驾以四马，后出旗常。辂上御座惟近侍二人，一从官傍立，谓之“执绥”，以备顾问。挟辂卫士皆裹黑漆团顶无脚幞头，着黄生色宽衫，青窄衬衫，青裤，系以锦绳。辂后四人，擎行马。前有朝服二人，执笏面辂倒行。是夜宿太庙，喝探警严，如宿殿仪。至三更，车驾行事。执事皆

·译文·

天子乘坐玉辂，冠服如图画中的星官之服，头冠全用北珠装点，叫作“通天冠”，又叫“卷云冠”，身着绛红色袍服，手执元圭。玉辂顶上皆为镶金刺绣大莲叶，四柱栏饰以镶玉盘花刺绣龙凤纹，由四匹马驾驶，画有日月、蛟龙的旗常紧跟在玉辂后面。玉辂上仅有天子与两名亲信侍从三人，一侍从站旁边，叫“执绥”，以备天子询问。护卫玉辂的将士皆头戴黑漆团顶无脚幞头，身着鲜艳黄色宽衫，内着青色窄衫、青裤，束着锦绳。车辂后四位随行举着“行马”木架子，禁止其他人马同行。玉辂前有身着朝服者两人，手执朝笏，面对玉辂倒行。当夜住在太庙，喝探警备森严，

宗室。宫架乐作，主上在殿上东南隅西南立，有一朱漆金字牌曰“皇帝位”。然后奉神主出室，亦奏中严外办，逐室行礼毕，甲马仪仗车辂，番衮出南薰门。

与住在大殿时的仪仗相同。到了三更时分，天子行祭祀礼，仅皇室众人陪同。宫乐响起，天子在太庙大殿东南角面朝西南而立，有一面书写着“皇帝位”的朱红漆牌位。天子手捧祖宗牌位走出祖先灵牌室，官员奏告中庭戒严、庙外禁卫。天子到各灵牌室逐一行礼后，马队、仪仗、车辂，依次从南薰门向皇宫出发。

驾诣青城斋宫

·原文·

驾御玉辂诣青城斋宫。所谓“青城”，旧来止以青布幕为之，画砌甃之文，旋结城阙殿宇。宣、政间悉用土木盖造矣。铁骑围斋宫外，诸军有紫巾绯衣素队约千余，罗布郊野。每队军乐一火。行宫巡检部领甲马来往巡逻，至夜，严警，喝探如前。

·译文·

皇帝乘坐玉辂，到青城斋宫去。所谓“青城”，以前只是用青布围起的一条布帐，在布帐上画上砖墙纹理，在布帐后面快速地搭起城阙、宫殿、楼宇。宣和、政和年间，全部改用土料、木料建起真房和真墙。穿着铁甲的骑兵警戒在斋宫之外，京城禁军派出一千多人的卫队，他们头裹紫色头巾，身穿绯色制服，分布在斋宫附近的田野里。卫队又分成若干分队，每个分队都有一个由十人组成的小乐队。行宫巡检统率马队，来回巡逻，到了夜间，则像前几天一样戒严警卫、喝探查询往来人员。

驾诣郊坛行礼

·原文·

三更，驾诣郊坛行礼，有三重壝墙。驾出青城，南行曲尺西去约一里许，乃坛也。入外壝东门，至第二壝里，面南设一大幕次，谓之“大次”。更换祭服：平天冠，二十四旒，青衮龙服，中单，朱舄，纯玉佩。二中贵扶持行至坛前，坛下又有一小幕殿，谓之“小次”，内有御座。坛高三层七十二级。坛面方圆三丈许，有四踏道。正南曰午阶，东曰卯阶，西曰酉阶，北曰子阶。坛上设二黄褥，位北面南曰“昊天上帝”，东南面曰“太祖皇帝”。惟两矮案，上设礼料。有登歌道士十余人，

·译文·

三更时分，天子前往郊坛进行祭祀典礼。祭坛有三道壝墙。御驾经过青城往南行，途经转角向西行一里多路，便到了郊坛。从外壝墙东门进入第二道壝墙，朝南设置了一个大帐篷，叫“大次”。天子在此更换祭服：头戴二十四旒的平天冠，身着青色的衮龙朝服，内衬中单，脚穿朱红色的鞋，腰悬玉佩。天子由两位近臣扶行至祭坛前，祭坛下又有一个幕帐，名叫“小次”，里面设有天子御座。祭坛有三层高，共七十二级台阶。坛顶方圆约三丈多，共四条台阶：正南方向的是午阶；东面的叫卯阶；

列钟磬二架，余歌色及琴瑟之类，三、五执事人而已。坛前设宫架乐，前列编钟玉磬，其架有如常乐方响，增其高大。编钟形销扁，上下两层挂之，架两角缀以流苏。玉磬状如曲尺，系其曲尖处，亦架之，上下两层挂之。次列数架大鼓，或三或五，用木穿贯，立于架座上。又有大钟曰景钟，曰节鼓；有琴而长者，如筝而大者，截竹如箫管，两头存节而横吹者；有土烧成如圆弹而开窍者，如笙而大者，如箫而增其管者。有歌者，其声清亮，非郑、卫之比。宫架前立两竿，乐工皆裹介帻如笼巾，绯宽衫，勒帛。二舞者，顶紫色冠，上有一横板，皂服，朱裙履。乐作，初则文舞，

西面的是酉阶；北面的是子阶。祭坛上设有两张黄褥垫，位于北朝南方向的叫“昊天上帝”，位于东南面方向的叫“太祖皇帝”。祭坛上列有两张矮案几，上面放置了祭祀的供品。有登歌道士十余人，排列钟、磬两架，还有歌色与琴瑟等乐器，还有三五个当值之人。祭坛前设置了宫廷乐队，前面架起了编钟、玉磬，悬挂编钟的架子与一般悬挂方响的架子形制相似，只是更为高大了。编钟的形制稍扁，分为上下两层悬挂，架子的两角饰以流苏。玉磬形似曲尺，绳索系在尖曲处，亦用架子分为上下两层悬挂。其次排列数架大鼓，或三或五，用木头串联安放在架座上。还有叫“景钟”的大钟；有一种鼓叫“节鼓”；有一种比普通琴身长的琴，似筝而比筝大；有一种形似截竹而状如箫管两头存节的横吹乐器；有土烧成状似圆球而上面开孔的，有像笙又比笙大的，有

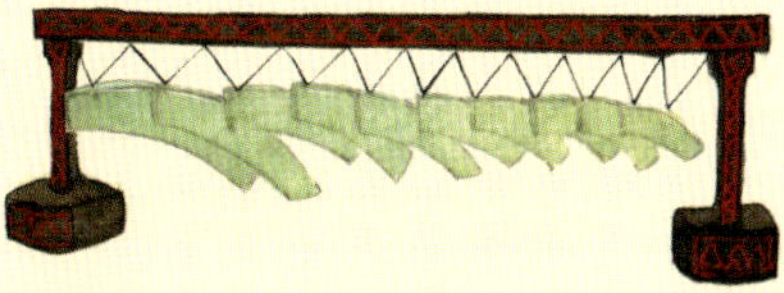

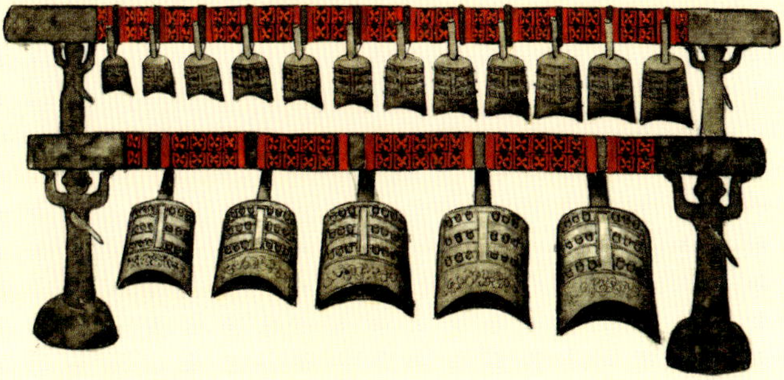

像箫但管子更多的乐器。有歌者，歌声清脆嘹亮，非郑、卫之音可比。宫乐前竖着两根栏杆，乐工皆头裹状如笼巾的介帻，身着绯红宽衫，束着丝帛腰带。有两位舞者，头戴紫冠，冠上有一横板，身着黑服、红裙与鞋履。音乐响起，文舞者手执紫色袋子，内有一根系着结带的笛管。武舞者一手执短矟，一手执小牌，比文舞者多数人，敲击铜铙、响环，又击打铜铙上如灶突之处。又有两人共同携着一只铜瓮般的乐器敲击。舞者的动作如刀剑击刺，如彩云飞舞，如分别，皆是动人的舞姿。奏乐时，先是击柷，柷由木制作，状如绘制了山水图案的方壶。奏乐击柷时，内外共击九下，奏乐中止时皆手执一紫囊，盛一笛管结带。武舞，一手执短矟，一手执小牌，比文舞加数人，击铜铙、响环，又击如铜灶突者。又两人共携一铜甕就地击者。舞者如击刺，如乘云，如分手，皆舞容矣。乐作，先击柷，以木为之，如方壶画山水之状，每奏乐，击之，内外共九下，乐止则击敔，如伏虎，脊上如锯齿，一曲终以破竹刮之。礼直官奏请驾登坛，前导官皆躬身侧引至坛止，惟大礼使登之。先正北一位拜跪酒，殿中监东向一拜进爵盏；再拜，兴；复诣正东一位。才登坛而宫架声止，则坛上乐作。降坛则宫架乐复作。武舞上，复归小次。亚献终献上亦如前仪。当时燕、越王为亚、终献也。

则击敔，敔形似伏虎，背脊如锯齿，一曲将终时用破竹刮敔。礼直官奏请天子登祭坛，前导官皆躬身、侧身引路，直至天子登坛完毕，只有大礼使才有登台的资格。皇帝登坛之后，大礼使可随天子登台。大礼使先向正北方向跪拜、献酒，殿中监则向东边一拜，进献爵盏；殿中监再拜，起身，走向正东的位置上。天子起步登祭坛时，停奏宫乐，而祭坛上奏乐。天子走下祭坛后，宫乐重新奏起，武舞开始表演。天子走向小次。亚献、终献的礼仪与初献一样。当时，燕王、越王行亚献、终献的礼仪。第二次登祭坛时，奏乐如前，跪拜献酒完毕，中书舍人宣读祭祀册书，由两人一左一右举着祭祀册书，而中书舍人跪着宣读。亚献礼毕后回到小次，终献仪式和之前的一样。再登祭坛，同时进献玉爵盏给天子，天子饮酒，被誉为“饮福”。终献礼毕后，回到小次前站立，

第二次登坛，乐作如初，跪酒毕，中书舍人读册，左右两人举册而跪读。降坛复归小次，终献如前。再登坛，进玉爵盏，皇帝饮福矣。终献毕降坛，驾小次前立，则坛上礼料币帛玉册由西阶而下。南壝门外去坛百余步，有燎炉，高丈许，诸物上台，一人点唱，入炉焚之。坛三层四踏道之间，有十二龛，祭十二宫神。内壝外祭百星。执事与陪祠官皆面北立班。宫架乐罢，鼓吹未作，外内数十万众肃然，惟闻轻风环佩之声。一赞者喝曰："赞一拜！"皆拜，礼毕。

祭坛上的供品、币帛、玉册从西阶上抬下。南壝墙门外，离祭坛百余步的距离有一座燎炉，高一丈多，这些从祭坛抬下的供品、币帛等物被搬上炉台，一人高声清点叫唱后送入炉内焚烧。祭坛三层四台阶之间有十二小龛，用来祭十二宫神。内壝墙外供奉百星。祭祀主管官员和陪同官员皆面朝北方依品秩高低顺序而立。宫乐止，鼓乐未奏，祭坛内外数十万人恭敬肃立，只有微风吹动环佩的声响。一赞礼者高声唱道："赞一拜！"所有人皆跪拜。祭祀典礼就结束了。

郊毕驾回

·原文·

驾自小次祭服还大次，惟近侍椽烛二百余条，列成围子，至大次更服衮冕，登大安辇。辇如玉辂而大，无轮，四垂大带，辇官服色，亦如挟路者。才升辇，教坊在外壝东西排列，钧容直先奏乐，一甲士舞一曲破讫，教坊进口号，乐作，诸军队伍鼓吹皆动，声震天地。回青城，天色未晓。百官常服入贺。赐茶酒毕，而法驾，仪仗，铁骑，鼓吹入南薰门。御路数十里之间，起居幕次，贵家看棚，华彩鳞砌，略无空闲去处。

·译文·

天子身着祭服从小次回到大次。身边只有近侍手持大烛两百余支，形成仪卫队形，护送圣驾到大次更换衮服冠冕，天子登上大安辇，大安辇形如玉辂，但规模更大，没有车轮，四周垂满大带，由人抬着走的，辇官的衣物颜色与禁戒军士的服装相同。天子登上大安辇，教坊在外壝墙外东西两相排列，均容直开始奏乐，一名披甲武士舞一段由一支曲破伴奏的舞。跳舞结束后，教坊进献颂诗并奏乐，诸军乐队一起演奏，乐声震天地。回到青城时，天未破晓。百官身着常服入内祝贺郊祀礼成。天子赐百官酒水茶水，而后法驾、仪仗、铁骑、乐队，一路鼓吹进入南薰门。御路数十里之间，百官迎接天子的幕帐，富贵人家的看棚，华丽漂亮，鳞次栉比，没有一点儿空地。

下赦

·原文·

车驾登宣德楼，楼前立大旗数口，内一口大者，与宣德楼齐，谓之“盖天旗”。旗立御路中心不动。次一口稍小，随驾立，谓之“次黄龙”。青城、太庙，随逐立之，俗亦呼为“盖天旗”。亦设宫架，乐作，须臾，击柝之声，旋立鸡竿，约高十数丈，竿尖有一大木盘，上有金鸡，口衔红幡子，书“皇帝万岁”字。盘底有彩索四条垂下，有四红巾者争先缘索而上，捷得金鸡红幡，则山呼谢恩讫。楼上以红锦索通门下一彩楼，上有金凤衔赦而下，至彩楼上，而通事舍人得赦宣读。开封府、大理寺排列罪人

·译文·

天子登上宣德楼，楼前树立着数面大旗。其中有一面大旗与宣德楼一样高，叫作“盖天旗”。旗子立在御路中间，即使大风吹过旗杆也纹丝不动。其次有一面稍微小点儿的旗子，紧跟着御驾，叫作“次黄龙”。青城、太庙也逐一立旗子，俗称“盖天旗”，也设置了悬挂的支架。宫乐奏起，一会儿就响起了击柝之声，马上就立起“鸡竿”，高十数丈，竿顶有一个大木盘，上面有一只金鸡，口衔红幡子，上面写着“皇帝万岁”四字。木盘底部垂下四条彩索，有四个头裹红巾的人争先沿着绳索而上，最先得到金鸡红幡者，到宣德楼前大呼万岁并谢恩而去。宣德楼上以红丝棉绳连接门楼下的一座彩楼，楼上有一只手工制造的金凤嘴衔赦令诏书，沿着这根红丝绵绳滑到彩楼。一位通事舍人得到赦令诏书后，当众宣读。开

在楼前，罪人皆绯缝黄布衫，狱吏皆簪花鲜洁，闻鼓声，疏枷放去，各山呼谢恩讫，楼下钧容直乐作，杂剧舞旋，御龙直装神鬼，斫真刀掉刀。楼上百官赐茶酒，诸班直呈拽马队，六军归营，至日晡时，礼毕。

封府、大理寺将犯人带来排列在宣德楼前，犯人身着红、黄色布衫，狱吏帽子上都簪花，衣着整洁，听到鼓声后，打开枷锁将犯人放走。遇赦犯人皆在楼下山呼万岁，谢恩而去。宣德楼下均容直奏乐，演出杂剧歌舞，御龙直装神弄鬼，用真刀掉刀表演砍杀。天子在宣德楼上赐百官酒茶，各班直安置马队，六军各自回营。大赦礼在下午三四点时结束。

驾还择日诣诸宫行谢

原文

驾还内，择日诣景灵东、西宫行恭谢之礼三日。第三日毕，即游幸别宫观或大臣私第。是月卖糍糕、鹑兔方盛。

译文

皇帝起驾返回宫内，选择一个吉日前往景灵宫的东、西两宫，向赵氏的祖先行恭谢之礼，皇帝会在那儿停留三天。第三天礼毕后，皇帝车驾游幸离宫别馆，或是去大臣们的家里看望。这个月份，城中叫卖糍糕、鹌鹑、兔肉以及其他一些野味的非常多。

十二月

·原文·

十二月，街市尽卖撒佛花、韭黄、生菜、兰芽、勃荷、胡桃、泽州饧。初八日，街巷中有僧尼三五人作队念佛，以银、铜沙罗或好盆器，坐一金、铜或木佛像，浸以香水，杨枝洒浴，排门教化。诸大寺作浴佛会，并送七宝五味粥与门徒，谓之“腊八粥”。都人是日各家亦以果子杂料煮粥

·译文·

十二月，京城街市到处都在叫卖撒佛花、韭黄、生菜、兰芽、勃荷、胡桃、泽州饧。初八，街巷中有僧尼三五人一伙，成群结队诵经念佛，用银、铜制成的沙罗或者盆器，安放一金、铜或木制佛像，以香水浸泡，手拿杨柳枝浸蘸香水为佛像洒浴，挨家挨户地在门口教化。各家寺院举办浴佛会，并煮七宝五味粥送给门徒，这就是“腊八粥”。京城中此日家家都用果实杂料煮粥食用。寺院也会分一些面、油给门徒，但坚决不收施主们送给寺院的元宵节灯油钱。街巷之间，家家户户互赠腊八粥。整个十二月，景龙门在宝箓宫门口提前点燃原计划用于元宵的灯火，供百姓观赏，那一带灯火繁盛。二十四日是交年节，京城中人夜晚都会请僧人、道士诵经，准备

而食也。腊日，寺院送面油与门徒，却入疏教化上元灯油钱。闾巷家家互相遗送。是月景龙门预赏元夕于宝箓宫，一方灯火繁盛。二十四日交年，都人至夜请僧道看经，备酒果送神，烧合家替代钱纸，贴灶马于灶上。以酒糟涂抹灶门，谓之“醉司命”。夜于床底点灯，谓之“照虚耗”。此月虽无节序，而豪贵之家遇雪即开筵，塑雪狮，装雪灯以会亲旧。近岁节，市井皆印卖门神、钟馗、桃板、桃符，及财门钝驴、回头鹿马、天行帖子。卖乾茄瓠、马牙菜，胶牙饧之类，以备除夜之用。自入此月，即有贫者三数人为一火，装妇人神鬼，敲锣击鼓，巡门乞钱，俗呼为“打夜胡”，亦驱祟之道也。

下酒菜果子送神，替全家人烧纸钱，贴灶马在灶上。以酒糟涂抹灶门，这叫“醉司命”。夜晚在床底下点灯，叫作“照虚耗”。这个月虽然没有节序，但富贵人家每逢雪天就设宴，堆雪狮，装雪灯，以聚亲友。年关将至，街上到处都是卖门神、钟馗、桃板、桃符，及财门钝驴、回头鹿马、天行帖子。还有卖干茄瓠、马牙菜，胶牙饧之类，以备除夕夜之用。每年一到腊月，便有穷人三五个结为一伙，装扮成女鬼或女神、敲锣击鼓，沿街沿门乞讨，当时称为“打夜胡”，也是一种除邪的法子。

·原文·

至除日，禁中呈大傩仪，并用皇城亲事官、诸班直戴假面，绣画色衣，执金枪龙旗。教坊使孟景初身品魁伟，贯全副金镀铜甲装将军。用镇殿将军二人，亦介胄，装门神。教坊南河炭丑恶魁肥，装判官。又装钟馗小妹、土地、灶神之类，共千余人，自禁中驱祟，出南薰门外转龙弯，谓之“埋祟”而罢。是夜禁中爆竹山呼，声闻于外。士庶之家，围炉团坐，达旦不寐，谓之“守岁”。

凡大礼与禁中节次，但尝见习按，又不知果为如何，不无脱略，或改而正之，则幸甚。

·译文·

到了除夕这天，宫中举行大傩仪式，皇城里的亲事官、所有的班直都头戴假面具，身穿绣花彩衣，手执金枪龙旗。教坊使孟景初身材魁梧高大，身披镀金的铜盔甲，打扮成将军。又选出两个镇殿将军，这两人也全身披甲，扮成门神。教坊里有个叫南河炭的人相貌丑陋，高大肥胖，他装扮成判官。此外还有人装扮成钟馗妹妹、土地爷、灶王爷等，总共有一千多人演出。举行大傩仪式是要把鬼祟从宫里驱逐出去，他们一直驱赶到南薰门外，然后再转龙弯，称为“埋祟”，到此才算结束。除夕夜里，宫里爆竹声、欢呼声响彻云霄，宫外很远的地方都能听到。城中百姓，家家户户都是围炉团坐，彻夜不眠，这叫“守岁”。

本书记载下来的大型典礼以及宫中各种礼仪活动，是我曾见到的预演时的情形，而不是正式场面。至于正式场面究竟是什么样的，我也无从描述。书中记载难免有脱漏疏略，若有人能校正和补遗，那就真是幸事了。

除夕

图书在版编目（CIP）数据

东京梦华录 /（宋）孟元老撰；于荷昕绘 . -- 南昌：江西美术出版社，2022.1
（古人的繁华人间）
ISBN 978-7-5480-7773-2

Ⅰ . ①东… Ⅱ . ①孟… ②于… Ⅲ . ①开封－地方史－史料－北宋 Ⅳ . ① K296.13

中国版本图书馆 CIP 数据核字（2020）第 162435 号

出 品 人：周建森
责任编辑：姚屹雯
特约编辑：朱倩文
责任印制：谭　勋
书籍设计：韩　超　先鋒設計

东京梦华录
古人的繁华人间
DONGJING MENG HUA LU
GUREN DE FANHUA RENJIAN
［宋］孟元老 / 撰　于荷昕 / 绘

出　　版：江西美术出版社
地　　址：南昌市子安路 66 号江美大厦
网　　址：jxfinearts.com
电子邮箱：jxms163@163.com
电　　话：0791-86566309
邮　　编：330025
经　　销：全国新华书店
印　　刷：湖北金港彩印有限公司
版　　次：2022 年 1 月第 1 版
印　　次：2022 年 1 月第 1 次印刷
开　　本：787 毫米 ×1092 毫米　1/32
印　　张：9.375
书　　号：ISBN 978-7-5480-7773-2
定　　价：88.00 元